帶孩子探索文化資產場所的奧祕

成為文化知識家

榮芳杰&江篠萱——著

目
次

推薦序——
讓文化資產場域成為
日常生活中的教室

　　位在臺中市復興路的前臺灣省臺中公賣局第五酒廠，目前還保留部分製酒所需設備以及儲存材料的倉庫、員工休息區等建築物，經過修復再利用，已搖身一變成為展示館、工坊、排練場、演講廳等具有多元樣貌的工業遺址。這裡是文化部文化資產園區，也是文化資產局所在地。每次公務穿梭其間，見人來人往，總感覺那段酒工業蓬勃發展的景況依舊存在一般——而這正是我上班的日常。

　　人類透過智慧解決生活中所遭遇的困難，產生各式有形建造物、景觀、街區、文物或場域，或無形民俗信仰、工藝、表演藝術等，統稱為文化資產，也真實存在我們每天日常生活之中。相對於《文化資產保存法》需具有「歷史、藝術、科學等文化價值」的定義，其實更關鍵的是讓大家了解「人之所以為人」以及「現在的我們從何而來」，這也是本書的核心宗旨。「教育」是媒介，透過教育與先人智慧產生連結，也可思考依循先人腳步展望未來，同時藉由親近文資場域，讓文資保存意識與觀念自然而然地深植學童心中，是我們的期待與夢想。

　　有別於一般以建築本體為主軸的文化資產相關書籍，這本書提供教學者認識文化資產場域的方式、設計文化資產教案的方法，讓教學者能夠將自身教

學專業與文化資產場域融合，帶著學習者一起親近場域，進行現地教學。試想學校旁邊有間宮廟，我們在裡面上數學課，測量各殿閣面積；上自然課，探討建築物木材構件的來源與保存；上歷史課，認識宮廟創建的過程與典故；上社會課，共同討論在地民間信仰；還有最常見的藝術或工藝課，可一窺傳統匠師的繪畫技法及工藝細節……。如此豐富多元、跨領域的課程，我們就會發現文化資產場域裡有好多和學科相關的知識，最終必然回歸到教學的核心，希望教學者及學習者都能「愛這片土地，珍惜文化資產的保存價值」。

　　本書以 5 種不同的文化資產類型為教學範例，主要是由文化資產局2019–2020 年間所進行「文化資產教育課程發展計畫」的成果內容改寫，側重在有形文化資產，適用對象以國小中高年級為主，但本書提供的方法亦不失為國、高中老師的重要參考。

　　本書付梓時，當時參與計畫的國小同學們應該都已經邁向人生另一個階段，成為青少年了。我們衷心期盼，文化資產教育這條路能持續陪伴孩子們一起成長，保存意識也能逐步落實在每個國人的心中，展現出這塊土地與人類最真摯的歷史連結與互動情感。

　　每一個文化資產場域都是獨一無二的教室，等待你我去探索學習。

文化部文化資產局局長

陳濟民

推薦序——
人與土地的生命之歌

　　半島熾熱的藍天下，我們隨著滿州民謠藝人踩上那分分秒秒被落山風重新塑造的沙漠，在海岸邊遙望牡丹社事件中關鍵的八瑤灣之際，身旁則是沒多久前軍演砲彈設置的所在。民謠藝人腳步輕鬆地帶領著搖搖晃晃的我們沿著海邊走，隨手抓起沙灘上的螃蟹，指出岩石中蔓生的無根藤，摘下欖仁樹上的欖仁與我們分享。這是她的家鄉日常，然後化作素樸卻飽滿動人的民謠歌詩。

　　我站在以前只有透過文字理解的土地，感覺將近 150 年前的戰事就在眼前——過去就是現在。而我的腳趾抓著沙土，我和我的家——臺灣的過去和現在如此親近。這也是我第一次將滿州民謠的吟唱和手上的螃蟹、口中又澀又甘的欖仁，以及把樹林吹成沙漠的落山風連在一起，那一刻我深刻感受到，民謠吟唱的，是我家鄉家人土地生命的歌詩。這就是文化資產的力量。

　　文化資產場域作為教育資源極具潛力，更能夠發揮重要的影響力，最關鍵的要素，在於文化資產「共時性」（synchronicity）和「共同性」（commonality）的特質。走入文化資產的現場——無論是有形的遺址、古蹟、建築還是舊產業場址，又或是無形的工藝、民俗和表演藝術的生活實踐空間，書本裡的過去不再遙遠，時間中的距離就此弭除，引發對於當時人、物的同理心，更進一步對於有著相同過去的人群產生共感。這種「對過去的體驗」，不

僅僅是歷史教學、歷史思考養成的最佳方法，文化資產豐富的環境與體驗素材，更可以作為不同學科的教學媒介——本書所提供的教案，就包含了社會、自然、藝術與人文、國語、數學等多種科目的應用。

《文化資產保存法》立法之初，今日所稱的無形文化資產——傳統藝術，曾經由教育部門主管，直到修法而調整歸屬於文化部門掌理。然而即使文資行政有所調整、保存觀念依時進展，「教育」作為文化資產保存傳承的核心始終未曾改變。2016 年更直接修法將「文化資產保存教育」納入條文，並且在各方共同的努力下，為政策、觀念、實踐方法的落實拓展新路——這本難能可貴的新作，就是多年累積的成果。

自 2019 年起，我持續參與文化部文化資產局委託本書作者榮芳杰教授、江篠萱女士進行的「文化資產教育課程發展計畫」以及「12 年國民基本教育文化資產領域課程綱要研擬暨課程發展計畫」的諮詢討論，既感動於兩位長期投入文化資產教育的衷心，也欽敬其勇於投入這項需要跨越各種專業隔閡、複雜綿密卻是意義深遠的工作，更看到文資局作為文化部門對這項重要工作的堅定支持，以及許多教育工作者的正向回饋。

回想幾年前在馬來西亞檳城訪問非營利組織 Arts-ED 時，看到老師們帶著不同族群的孩子走出校園，一起去認識歷史悠久的清真寺、天主堂、印度廟，一起嘗試不同的飲食文化，也一起到華人的百年觀音亭採訪。過程中，不同膚色相貌、不同母語的孩子們，在老師的引導下分享各自的文化經驗。Arts-ED 曾玉萍執行長這麼說：「如果你不認識，你就不會去愛。」這正是文化資產教育更深一層的意義——除了「共感」，更能對「不同」產生理解與同理心，並

且明白同樣的場域，對於不同背景的人群而言可能連結殊異的過去和天差地別的想法──這是文資場域啟發「多元觀點」（multiperspectivity）對話的特質，也是人們得以相互理解、共同生活的憑藉。

　　文化資產教育，更必然是參與的實踐，無論校園的圍牆裡外，所遇見的知識提供者，不分社會和文化背景都同樣是令人敬重的老師。而在過去的幾年中，許多第一線的教育工作者經由本書作者與團隊的引介參與了這個過程，為文化資產進入教育現場激發了光亮。期待這本書，使這光亮更為擴散而悠長。如本書作者所言，您的參與，將為我們的下一世代「點燃一把火」，同時，也將燃亮這片我們共同鍾愛的土地。

國立臺北藝術大學建築與文化資產研究所副教授兼所長

前言——
從對腳下這塊土地的好奇開始

　　猶記得從小在高雄鳳山眷村長大的生活經歷，那是一場將近 20 年的成長過程，一段對於國家認同、族群歷史近乎只有一個標準答案的填鴨式教育時光。隨著自己到大學進入建築專業領域，在建築史研究的興趣使然下，開始回頭省思過去自己所成長的「地方」，為什麼對它的過往如此陌生？為什麼長大後才發現鳳山原來是早在清代就已存在的漢人城市，並且和左營舊城有著歷史與地理上不可分割的關係？於是，我對於家鄉愈來愈好奇，也開始對於臺灣每個城市的發展歷史感到興趣，那股想要探索自己國家與土地歷史的動力，也點燃我想要知道為什麼這段歷史會斷裂的原因。

　　尤其是身為大學老師，每當出國旅行或開會，踏進不同國家的歷史城市，總是會回頭想想身處臺灣的我們，為什麼未能讓歷史城市的發展軌跡輕易被認識？為什麼漫步於大街小巷時，無法輕鬆隨意認識這座城市的歷史過往？事實上，這樣的認識可以透過完整的建築空間來達成——這樣的建築空間可以是某歷史時期的建築遺構，甚至也可以是運用現代化數位工具所形塑的虛擬場景。

　　我想要的是不以文字敘事的歷史，我想要的是透過文獻搭配實體空間的歷史。

於是，我開始去注意從小長大的眷村地點，在 200 多年前剛好位在鳳山縣城東南角的東便門外，緊鄰著東門溪，什麼原因讓清代城外的土地變成戰後的眷村場域？這讓我思考：能不能從地方史看到時間與空間變遷的過程？能不能在歷史現場看到不同時代的痕跡？能不能這些問題不要只依賴學校的課本與課程來滿足？甚至，如果沒有這些時空歷程的演變，我們又會如何？城市裡不同時期的老房子或歷史遺跡如果都消逝不見，城市就真的比較進步、經濟發展就真的一路暢通嗎？這些在過去成長過程中所聽所聞的經濟發展與都市開發之間的矛盾關係，一幕一幕閃過我眼前。

　　有一天，我發現在華人世界裡朗朗上口的生活諺語——「喜新厭舊」與「除舊布新」，好像回答了些什麼。這兩個臺灣人慣常接受的生活日常與價值觀，似乎間接讓人們習於忽視一個地方的時間推衍與空間變化的歷程，甚至可能沒想過文字的歷史可以與我們日常生活的實質空間有所關聯。2021 年公共電視臺播出《斯卡羅》電視劇，透過 12 集影集內容來描述曾存在於臺灣琅𤩝（今恆春）的部落聯盟政權——斯卡羅酋邦的故事。這故事的原始劇情來自於陳耀昌醫師所撰寫關於 1867 年羅妹號事件及南岬之盟的歷史小說《傀儡花》，這個時代的歷史背景也延伸到國中課本提到 1874 年的牡丹社事件。但是這些真實發生過的歷史，我們過去都不曾刻意從「歷史場所」來認識，導致於許多民眾的臺灣史觀沒有地理空間、疆界、氣候、交通、營建技術限制等概念，最後只能背誦出課本裡的歷史圖像，而缺少真實現場的五感體驗。

　　話題拉回到我們熟悉的歷史城市，臺灣擁有好幾個 200、300 年以上歷史的清代城池，甚至還有 400 年前荷蘭人所規劃的熱蘭遮城市鎮（現在的安平聚落），這些都是證明臺灣人存在過的歷史場域，倘若沒有保留一些不同時期

的建築或構造物，我們究竟要如何證明先人曾經在臺灣胼手胝足建立自己的家園？我們又該如何從中認識自己與土地之間的關係，乃至於認識自己、國家及世界的關係？

因此，我們理當創造出多元的學習情境，讓不同年齡的學生或是民眾因為進入到文化資產場所，而有機會看見臺灣的歷史發展脈絡，看見時間與空間的變遷過程，甚至學習到社會領域之外的跨學科領域知識，進而讓每一個文化場所都能夠呈現臺灣這片土地上，不同族群、不同政權在不同時間歷程下共同的努力成果。

如果這一切有可能實踐，那我們所欠缺的臨門一腳就是打開認識自己的方法。接下來本書將透過教學設計、透過實體空間，一步一步帶領大家探索我們的文化資產。

幫助下一代認識自己的由來

「教育不是注滿一桶水，而是點燃一把火。」
Education is not the filling of a pail but the lighting of a fire.
——葉慈（William Butler Yeats, 1865–1939）

什麼是文化資產教育？

　　「文化資產教育」是這幾年大家經常會討論的教育話題，特別是在新聞上出現文化資產保存爭議事件的時候，社會大眾往往會感慨國人的文化素養不夠，進而認為需要靠文化資產教育來解決。但文化資產教育究竟是什麼概念？它跟1990年代的鄉土教育，或是現在常見的戶外教育、環境教育又有什麼不同？我們先從教育制度與文化資產保存相關法令的修法歷程來看。

一、從鄉土教育到文化資產教育

1993 年 9 月，教育部修訂公布「國民小學課程標準」，要求所有國小三至六年級學生自 87 學年度起，每週增設一節 40 分鐘的「鄉土教學活動」，這個政策對於當時國內鄉土教育的發展有著重要的關鍵意義。緊接著，1994 年公布「國民小學鄉土教學活動課程標準」，到了 1996 年正式在國民中學一年級，每週三開設「認識臺灣」的課程；另外，國一也在音樂與美術科之外，增設「鄉土藝術活動」課程。但是教育部很快又在 1998 年再次修訂課程綱要，公布「國民教育九年一貫課程總綱」，鄉土教學活動不再單獨設科，而是改為融入各學習領域，並且在 2000 年的九年一貫課程正式開始實施。於是，在 1998 年之後，鄉土教學活動轉換為以「課程統整」的方式將議題融入教學，議題的融入可以在正式課程中推展，亦可透過非正式課程來進行。

雖然鄉土教育在 1982 年《文化資產保存法》（以下簡稱《文資法》）頒布後隨即展開，但卻遲至 2005 年版的《文資法》第 62 條才首次提到：「為進行傳統藝術及民俗之傳習、研究及發展，主管機關應協調各級教育主管機關督導各級學校於相關課程中為之。」這是臺灣在文化資產保存相關

法令第一次將文化資產的特定類別納入學校的教育體系之中，可惜的是當初訂定這法條時，只從當時《文資法》的法定 7 大類別中，選擇了「傳統藝術」與「民俗」兩個類別作為文化資產主管機關協調各級教育主管機關在相關課程中的主角，而非納入全部的文化資產類別。推究原因很有可能是當時的法令承襲了鄉土教育對於傳統藝術與民俗的重視，不過這個「挑食」的文化資產教育現象，在 2016 年版的《文資法》已修改為不偏廢任何一種文化資產類別，而涵蓋了整體的有形與無形文化資產。

二、你的古蹟未必是真古蹟

到底什麼是「文化資產」？

先來看看「文化資產」該如何定義。如果引用政府官方的說法，從《文資法》第 3 條來看，文化資產是指具有歷史、藝術、科學等文化價值，並經指定或登錄的有形及無形文化資產。這段有點抽象，又有點嚴肅的定義，看到的是法定文化資產價值的列舉，以及指定或登錄這樣的法律手段。換句話說，在政府官方的定義裡，法定文化資產必須達到某些價值種類的門檻，才可以讓這些值得傳承給後代子孫的物件或

民俗，透過政府體系介入進行後續的保存維護與管理工作。然而，這樣的定義與法定程序卻無法告訴我們，指定或登錄了法定文化資產對社會有什麼好處！

換言之，法定文化資產還需要讓大眾能夠理解為什麼要保存它。這些法令所衍生出來的文化資產類型也應該讓民眾能區分差異，並藉此明瞭法定文化資產所具備的歷史、藝術、科學等文化價值，正是我們願意用政府資源的力量給予適當保護的原因。

這時候一定也會有人問：一般人認識的「古蹟」與「文化資產」又有什麼差異或關聯呢？這個問題就比較複雜了，但若以哪一個名詞出現時間較早來比較，就會清楚兩者之間的差別。「古蹟」是早在清代就開始使用的名詞，清代的許多方志裡面已經使用「古蹟」或是「名勝古蹟」這樣的詞彙。主要的指稱對象不是我們當代在說的文化資產，而是具有時間縱深的歷史物件，很多歷史文獻裡面都會用古蹟來形容具有歷史意涵的建築物。

這也是為什麼當你跟鄉下三合院的阿嬤聊天時，若問她

的老三合院有多少年歷史時，阿嬤會跟你說：「這老房子已經上百年了，是『古蹟』了。」這時候你千萬不要以為她在講《文資法》的古蹟，那只是她形容老房子的代稱罷了。

顯然「文化資產」這個名詞出現的年代比「古蹟」還要晚。它屬於集合名詞，代表著許多被包裹在「文化資產」這個概念下各種類型的文化資產，像是《文資法》裡面提到的歷史建築、紀念建築、聚落建築群、文化景觀、考古遺址、傳統工藝、民俗等皆屬之。

除了上述將「古蹟」與「文化資產」混淆的情形之外，人們對於「文化資產教育」的想像與期待也有很大的差異。舉例來說，「文化資產教育」最常被大家想像成「認識文化資產」的教學活動，有時甚至狹隘地只聚焦在認識建築特色而已。這裡的「認識」通常是指把文化資產保存的意涵或是文化資產本身的價值，傳遞給需要被教育的人。因為大多數人會認為當文化資產爭議發生時，就代表想要拆除或破壞文化資產的人不懂得文化資產的美好價值，而透過教育就可以解決爭議。解決方法「看似」找到了，但具體實施細節呢？當「文化資產教育」變成教學任務時，誰來執行這個任務？

古蹟的「古」字不是重點

「古蹟」其實是《文資法》裡面所設定的類別之一，但一般社會大眾經常用自己約定俗成所認知的老房子（古蹟）來跟《文資法》裡面的法定類別「古蹟」混淆。「古蹟」的「古」字隱含著年代久遠的價值判斷，但當今國際間對於文化資產保存的觀念已經不會把年代久遠當成是必要條件。如果有一棟建築物只有 30 年歷史而被指定為「古蹟」的話，我們就不應該用「古」這個字來想像它的價值。當年澳洲雪梨歌劇院（Sydney Opera House）被列入聯合國教科文組織（UNESCO）的「世界遺產名錄」（World Heritage List）時，只落成 34 年。入選的理由不是因為年紀輩分，而是其建築設計與營建工程技術突破當年的世界水準，這才是它重要的價值所在，也是文化資產教育最需要關注的部分。又或者像是臺北市「陽明山中山樓」當年被指定為市定古蹟時，只有 33 年歷史，但因為中山樓的建築設計具有中國宮殿式樣在臺灣廣泛流行的代表性，且是當年國民大會代表開會的場所，兼具政治集會的時代意涵，從臺灣政治發展史的角度看待這建築物，我們就會更理解它被保存下來的原因。

又該如何執行？

　　對此，我們應該先界定「文化資產教育」有哪些利害關係人。仔細一想你會發現有 3 個角色缺一不可，分別是：「文化資產」、「教學者」以及「學習者」。想談「文化資產教育」，我們就必須去分析這 3 個角色彼此之間的功能與意義。

澳洲雪梨歌劇院，世界著名的表演藝術中心，讓人一眼難忘的船帆造型，是 20 世紀最具特色的建築風景。（Source: Alex Olzheim/Pixabay）

三、光是坐在教室聽講不夠

　　首先，理想上的「文化資產教育」應該是讓歷史的「實體證據」隨時出現在我們的日常生活之中，讓「實體證據」成為生活中自然而然存在的一分子。試想，當我們午後漫步在綠意盎然的公園，經過了某個在地作家曾喜歡駐足思考的角落；或是走在波蘭華沙二次世界大戰後重建的舊城巷道上，

陽明山中山樓，新臺幣百元紙鈔背面圖像即為中山樓。（Source: Sdfery/Wikipedia）

實體證據：指的就是「文化資產」，不是「古蹟」本身而已。這個「有形的文化資產」應該是存在於一片土地之上，無論它是完整的建築物，或是斷垣殘壁，又或是考古遺址。「文化資產」所處的是真實的生活環境，是真實的場所，無涉於什麼法定定著土地範圍，也不局限於被指定或登錄的建築本體，而是世世代代所延續下來的生活空間。

在蕭邦百年前曾生活過的地點停下腳步，聆聽蕭邦在該地創作的鋼琴樂曲……。慢慢地，文化資產跟我們的生活緊密結合在一起，我們會從而學習如何尊重歷史、原諒歷史與詮釋歷史；漸漸地，接受歷史的故事就在我們生活的四周，而不是在教科書的文裡行間。

我們的城市需要很多的故事來建構它存在的歷史價值，文化資產是一個選項，你、我也是。也許，當有天那些「古蹟」景點融入生活之中，我們甚至不需要特別進入一扇古蹟的大門才算是進入「古蹟」時，文化資產保存觀念才算真正地普及。

所以，「文化資產教育」有沒有可能是除了幫助我們「認識」文化資產的教育活動外，還同時是幫助我們去「喜歡／親近」文化資產場所的教育活動呢？

　　再來，對於「教學者」（educator）這個角色，一般人首先想到的都是「老師」（teacher）。但是在「文化資產教育」中，凡是能在「文化資產」場所內帶領人們認識文化資產場所的人，都可以被視為「教學者」。在「文化資產教育」的理想狀態，讓「學習者」先「喜歡」文化資產場所的環境，就會有更高的學習意願再次到場所「認識」文化資產本身。

　　因此，「教學者」可以是各級學校裡的老師，帶著自己的「學習者」（學生）進入到霧峰林家宮保第園區的「文化資產」場所，進行各種學習目標的教學活動。「教學者」也可以是熱蘭遮城的導覽解說員，帶著「學習者」（訪客）進入到熱蘭遮城的「文化資產」場所，進行各種認識荷蘭時期至今歷史的課程。「教學者」更可以是園藝設計師，帶著「學習者」（想學園藝設計的民眾）進入到法國凡爾賽宮花園，或是板橋林家花園，去學習如何種植與修剪庭園植物，讓這些生長在「文化資產」場所裡的美麗植栽能有機會走進自己

家的院子。讓文化資產場所點點滴滴的一切，都可以跟所有民眾產生新的生活連結，這是教學者很重要的使命。

　　「學習者」則是一群或一位不受年齡、學歷、身分、族群、性別……限制的訪客。如果把所有進入到文化資產場所

「教學者」帶著「學習者」在霧峰林家宮保第園區進行各種學習目標的教學活動。
（Source: YSP）

的人們都視為「訪客」（visitor），「教學者」就應該站在「訪客」的角度去思考：「為什麼要進來這個文化場域？」「可以從這個文化場域帶什麼離開？」這種換位思考，可以讓「教學者」理解所面對的「學習者」會對文化資產場所的哪個部分有興趣，進而給予其想要學習的東西。

換句話說，文化資產場所該如何提供並滿足各式各樣的學習者進入學習，是文化資產教育應該著墨的地方。

為什麼需要文化資產教育？

無論文化資產以何種方式呈現，無論它是有形或無形的，文化資產的存在有一重要的任務，就是──它讓我們認識到自己今天之所以是現在這個樣子的原因。這段有點繞口令的話語，正表達出保存文化資產有很多的目的。例如：國家認同、地方認同、美學賞析、建築史的意義……，這個價值、那個意義、許許多多的保存理由，都可以構成文化資產存在的原因，但都需要透過「教育」的手段或工具，轉譯常民不容易理解的各種保存理由，甚至是透過「教育」，讓更多人理解文化資產場所蘊含的各種豐富的學習能量。我們甚

至可以說，廣義的文化資產教育，是超越法令框架的，是讓這塊土地上曾經發生過的一切，經由教育方法讓所有人都能理解。

TIPS

文化資產場所管理單位（或管理者）的義務與責任

從更積極的教育角度來看，任何一個文化資產場所的管理單位或管理者都有義務與責任，讓訪客理解或認識這個文化資產場所的價值與意義——這在實務或學術研究領域，稱之為文化資產「詮釋」（interpretation）。西方國家則常用「遺產詮釋」（heritage interpretation）來作為獨立的研究領域範疇。也因為「詮釋」文化資產的工作往往會直接牽涉到詮釋的目的在於「教育」訪客更多的文化資產內容，因此國際間大多會同時考量文化資產的「詮釋」與「教育」，甚至還包含了「呈現」（presentation）。總而言之，文化資產價值的詮釋工作，必須仰賴各種教育工具，因應不同的學習情境，提供給正規教育體系或是非正規教育體系，乃至於終身教育學習者學習之用。

一、以世界遺產教育為例

以目前聯合國教科文組織所設立的「世界遺產名錄」為例，自 1978 年頒布第一屆名單至 2022 年為止，已經累積了 1,154 個世界遺產，分別包括了 897 個世界文化遺產、218 個世界自然遺產，以及 39 個世界複合遺產名單，分布在 167 個已經簽署《保護世界文化和自然遺產公約》的締約國之中。在這些世界遺產名單之中，有許多大家耳熟能詳的知名觀光景點，例如：英國「巨石陣」（Stonehenge）、波蘭「前納粹德國奧斯威辛—比克瑙集中營」（Auschwitz Birkenau—German Nazi Concentration and Extermination Camp, 1940-1945）、義大利「威尼斯及其潟湖」（Venice and its Lagoon）等。這些通過嚴格的世界遺產價值標準而獲准登錄的世界遺產，從歷史的觀點來看都充滿非常重要的教育意義。

以奧斯威辛集中營為例，其管理單位非常重視教育導覽的內容，因此特別針對「教師或教育工作者」提供多種教學材料，並且備有各式議題的教學方案讓其選擇，其中最常見到的教學模組會先將整個教學內容分為 3 個部分，分別是：參觀之前、參觀時，以及參觀之後。從這 3 個分段就可以發現，針對真實的文化資產場所，若真要想好好了解它的來

龍去脈與影響所及，學習者從「提問」到現場的「感受與觀察」，再到離開場所之後的「反省與回饋」，「教師或教育工作者」都需要精心安排與設計。

奧斯威辛集中營藉由上述的教育導覽模式，打破一般單純建築物的特色導覽或是歷史故事的解說模式，讓這個帶有

當年德國納粹迫害猶太人的種族滅絕行徑令人髮指，使得「前納粹德國奧斯威辛—比克瑙集中營」這一處歷史場所，即使擁有世界遺產的身分，仍讓許多人望之卻步。類似這種承載負面特質的文化遺產，更需要透過教育來警惕世人。也因此集中營的管理單位特別規範入場參觀不收門票費用，但是要求遊客的大部分參觀時間都必須參加團體導覽，哪怕你是背包客獨自前往，也必須跟其他散客組團。（Source: 榮芳杰）

悲傷與警世意涵的文化資產場所，透過教育活動來提醒人類不要再重蹈覆轍，並且讓世界看見傷口癒合的過程。單就這點而言，波蘭人對於歷史的寬容與原諒更令人敬佩，這個場所也間接創造了潛移默化的精神，讓訪客能夠學習到歷史事件下的多元觀點。

二、更積極的串連與探索

另一種文化資產教育的代表場所則是英國的「巨石陣」，這個史前時代的考古遺址目前土地所有權人是英國知名組織「國民信託」（National Trust），但地上物的那些巨石則是由「英格蘭遺產信託」（English Heritage Trust）所負責管理維護。英格蘭遺產信託背後的經費支持者是英國的文化部（正式官方名稱為「數位、文化、傳媒和體育部」，The Department for Digital, Culture, Media & Sport，DCMS），向來都非常重視文化資產教育的現地教學工作。值得一提的是，巨石陣還曾經因為積極開發各種適合該場所的文化資產教育課程活動，獲獎無數。

針對這些史前時代的巨石，也串接了多個國民基本教育階段的課程連結。例如下表：

教育階段	年齡	科目	說明
KS1	5-7 歲	歷史	介紹自己居住所在地點的重要歷史事件、人物以及地方的故事。
		地理	介紹地理學的田野調查技巧。
KS2	7-11 歲	歷史	介紹巨石陣這個地方的歷史背景，以及英國歷史上在這塊土地從石器時代到鐵器時代的人類生活。
		地理	介紹地理學的田野調查技巧之外，也進一步講授過去的人類如何觀察、記錄、量測，以及當代的人們又如何進行同樣工作的差異。
KS3	11-14 歲	地理	介紹人文地理學的內涵，包括理解當時的人類在這片土地上與環境地貌之間的互動關係與影響。
KS4-5	14-18 歲	未限定科目	師生開始討論巨石陣的文化觀光衝擊與商業效益的課題，甚至可以討論如何管理這樣的考古遺址場所。

這些結合學校教育的課程規劃內容，都反映出英國對於文化資產場所的重視，也更深刻讓我們反省並檢視學校教育體系是否有包含對文化資產場所的系統性學習機會。

三、從文化資產認識自己

雖然前面提到了世界遺產，也簡單提到幾個國家著名的文化資產教育做法，但我們都清楚最終仍需要回到自己國家的土地上，透過文化資產重新了解自己的文化傳承，以及重新認識日常生活圈內的環境變遷。幾年前我曾經造訪義大利佛羅倫斯，發生了一次印象非常深刻的文化衝擊：當年我

巨石陣位於英格蘭，建造目的至今眾說紛紜，卻也因此激發出多元的文化資產教育課程。（Source: 榮芳杰）

跟家人訂了一間民宿，民宿的管理者其實是物業管理公司派來的年輕人，年輕小伙子身形纖瘦但有著深邃眼睛，在介紹完屋內的設備與使用細節後，我們也就請他順便推薦觀光景點。結果他沒有推薦烏菲茲美術館，也沒有推薦佛羅倫斯大教堂（聖母百花聖殿），竟然推薦了他心目中佛羅倫斯最棒的仿羅馬時期建築──聖米尼亞托天主教堂（San Salvatore al Monte）。

當時，我非常震驚，因為聖米尼亞托天主教堂雖是建築史研究者的經典案例，但通常不在佛羅倫斯的觀光景點介紹資訊中。但我心裡更多的其實是感動，這個年輕人不是只有簡單推薦地點，他還能說出自己為何喜歡這座教堂，這座教堂又為何值得造訪。從他的眼神與口吻，可以肯定他對自己所處的城市有著不同於觀光客的深刻認識與體悟。那一刻，我真心希望我自己，甚至是每一個臺灣人，也都有能力說出對自己家鄉美好記憶的獨特觀點。

這個經歷給了我很大的啟發。

我又想起每每出國造訪歷史城市時，總喜歡觀察城市裡

聖米尼亞托天主教堂大殿。（Source: 榮芳杰）

的居民或訪客是如何跟城市的歷史場所互動，日常生活的行為又是如何跟文化結合在一起。想像他們在回家的路上，例行地經過一座百年的古橋，或不經意地走過一處歷史遺址，而人們可以清楚說出這些歷史空間存在的意義，以及對自己生活習慣的影響。我也想起中研院臺史所的研究員鄭維中所發表的研究：「烏魚、土魠、虱目魚：多元脈絡下荷治至清領初期臺灣三種特色海產的確立」，當我們在臺南可以吃到

新鮮的魚類料理，可曾想過這些海產是從何時變成我們飲食文化的一部分？然而如今走進熱蘭遮城時，眼前所見的實體空間卻無法訴說 400 年來臺南歷史與環境的變遷過程。

認識有形的文化資產只能解讀我們自己歷史過往的一部分，缺少了無形文化資產的脈絡梳理，便無法完整認識自己，也無法真正理解歷史對我們的重要。當舉起手錶或拿起手機查看時間，或是回到溫暖的家中脫下鞋子的那一刻，我們是否能理解這一切曾是日本殖民臺灣時所留下來的生活遺產？當我們面對國立歷史博物館，甚至是經過臺北街頭那座矗立在馬路中央的臺北府城東門（景福門），發覺它們共同的特徵就是中國宮殿式樣的建築外觀，我們是否能讀出那是 1949年國民政府來臺後才帶進臺灣的建築語彙？

回頭看看自己居住的城市，每一座城市，每一個地方，都是過去先民承先啟後、帶著過往才來到今日的結果。也因為如此，每一座城市都會有一些法定文化資產，也會有許許多多沒有法定身分的老房子。這些不同年代的實體證據都不該輕易被都市開發所取代，相反地，它們往往才是見證城市之所以偉大的最重要螺絲釘。唯有透過這些存在與不存在的

文化資產，我們才有辦法更認識自己，我們也才有能力向世界介紹我們是誰。

　　從今天開始，認識自己，你可以嘗試讓自己與孩子從走進生活的歷史場域做起。

文化資產教育

開課囉

本書的使用設定對象為所有的「教學者」，使用時有兩個條件：

第一個條件是「教學者」必須進入到文化資產場所的現場，進行文化資產教育的活動。這個稱之為「現地／實地教學」（on-site learning）的行為，最核心的價值理念在於讓各種不同屬性的「學習者」進入場所之後，得以從他自身喜歡的事情開始接觸這個文化資產。所以文化資產場所必然呈現多元的教學內涵，本書也是奠基在此概念下進行相關課程的設計。

第二個條件是應以國小高年級學生在學校所習得之各學科教學內容為範圍，進行各種不同類別文化資產場所的課程互動。

課前說明──五間教室任你選

　　任何文化資產類型的場所，都蘊藏著無數跨學科領域的知識。因此，「教學者」想要有效帶領「學習者」進行文化資產教育，就必須因應對象的不同而有步驟、有規劃地設計教學內容。本書便是以下述 5 種文化資產場所為例，提供「教學者」擬定教案的種種資訊，並分享自己實際教學之後的心得，希望拋磚引玉，激發「教學者」創造更多的「文化資產教育」。此外，另附帶彙整學習單範例，便於「學習者」按表練習，輕鬆探索文化資產場所的奧祕。

　　換句話說，本書希望能藉由書中提示，協助「教學者」先行具備扼要的文化知識，從而能帶領「學習者」進行深刻又活潑的文化資產教育。

　　既然教學所在地是文化資產場所，就必須先知道什麼是「文化資產類別」。依據《文資法》第 3 條的分類方法，

我國的文化資產開宗明義區分為有形與無形文化資產兩大區塊。這個分類方式也大抵是國際間常用的第一層分類方法，有些國家還會另外在有形文化資產底下再分為「可移動的有形文化資產」與「不可移動的有形文化資產」。如果用這個邏輯來檢視《文資法》的類別，現行 9 大類的有形文化資產，除了「古物」是「可移動的有形文化資產」之外，其餘的 8 大類都屬於「不可移動的有形文化資產」。

有形文化資產

· 古蹟　　· 歷史建築

· 紀念建築　· 聚落建築群

· 考古遺址　· 史蹟

· 文化景觀　· 古物

· 自然地景、自然紀念物

無形文化資產

· 傳統表演藝術

· 傳統工藝

· 口述傳統

· 民俗

· 傳統知識與實踐

首先介紹無形文化資產。例如：新北市政府在 2015 年登錄的民俗活動「金山磺火捕魚——蹦火仔」，就是典型隨著時代演進，展現先民在海上捕撈漁獲的常民智慧。從最早是乘坐木船、手持竹製火把誘捕魚群，到了清末日治初期，火把漁業已經是重要的地方漁業經濟。但原來利用竹火把誘捕魚的方式開始出現效益不足的問題，於是漁民改利用燃燒煤油的方式來吸引魚群，最後發現利用磺石加水的化學反應可產生易燃氣體乙炔，一經點火後會瞬間產生強光和「蹦」一聲的巨大聲響，反倒可以驚動趨光性的魚類跳出海面而利於捕撈，這便是「蹦火仔」漁法的由來。

　　這類屬於無形文化資產的民俗活動，在臺灣還有很多不同種類，像是苗栗白沙屯媽祖或是臺中大甲媽祖的遶境進香，也是典型的無形文化資產個案。這些無形文化資產反映的是在這片土地上，歷代先民所傳承積累下來的各種生活智慧與生活型態，這也是為什麼要透過國家資源的挹注來保護的原因。

　　有形文化資產的案例同樣不勝枚舉，無論是可移動的文物或不可移動的建築物，有形文化資產所代表的是人們利用

2016 年《文資法》修法後的無形文化資產類別，新增了一項「傳統知識與實踐」，更貼近「金山磺火捕魚——蹦火仔」這樣的無形文化資產特質。（Source: 中岑范姜 / Wikipedia）

可見的各種物質來創造生活所需要的物件或空間。這些物質文化（material culture）的產物建構了你我生活的樣貌，也成為讓我們認識自己過去的重要證據。當然，這也就意謂這些文化資產值得我們特別透過教育的方式，更深入了解它背

後的脈絡，這正是文化資產教育的任務之一。

　　由於本書的「教學者」並非設定是講授《文資法》法令內容的相關專業人士，因此上述《文資法》的法定類別僅供參考。但為了讓本書的使用對象（教學者）能更清楚想像有形文化資產的空間型態，本書特意將這些有形且不可移動的建築物或建築殘跡另行區分，不受法令類別的規範，以利使用者能夠更直觀地理解這些文化資產場所的空間特質。當然，我也希望能趁這個機會鼓勵大家進入本書提及的文化資產場所類型，親身體驗與思考這些場所類型可以進行哪些教育活動。

　　以下便列出特別適合進行文化資產教育的 5 種場所類型，並將其名之曰 5 間文化資產教室，一來凸顯其空間特質，二來也有助於學習者融入環境，這 5 間教室分別是：考古遺址、防禦工事與軍事遺產、西洋歷史式樣建築、宗教信仰場所、產業文化資產。

惠來考古遺址，位於臺中市七期重劃區，發掘發現了人骨、獸骨、石器、柱洞（建築物痕跡）等，有助於了解中部地區新石器時代早期及鐵器時代之人類生活。（Source: YSP）

第一間教室──考古遺址

　　「考古」兩字通常與「歷史」有很密切的關聯。從歷史的分期來看，至少可以區分為沒有文字記載的史前時期，以及有文字記載的歷史時期。考古遺址在這個歷史分期的概念下，也同樣可以區分為史前時期的考古遺址，以及歷史時期的考古遺址。兩者最大的差別，大致反映在人類營建居住所使用的構築材料，是否能抵擋天然災害或有機材料自然衰敗的衝擊，而遺留多少可見的歷史遺構或物件。一般而言，史前時期的考古遺址比較難留下完整的建築遺構，歷史時期的考古遺址則比較容易見到建築殘跡。

　　「考古遺址」是本書 5 個場所類型中唯一與法定文化資產類別同名的類型。在文化資產的分類裡，透過考古學家進行發掘的「遺址」是很早就出現的分類概念，只是發展過程有點顛簸。1982 年《文資法》首次頒布實施時，當年的文化資產只有分成 5 大類，分別是：古物、古蹟、民族藝術、民俗及有關文物，以及自然文化景觀。其中，「古蹟」這個類別在當時的《文資法》第 3 條的定義裡是指：「古建築物、遺址及其他文化遺跡。」「遺址」就是現在

「考古遺址」的前身。自此後到 2004 年這段時間，都是用「遺址」來回應考古學界的實務需求。直到 2005 年《文資法》修法，才把「遺址」從附屬在「古蹟」這個類別之下，獨立出來成為文化資產的類別之一，並且在當時《文資法》第 3 條第 2 款定義：「遺址：指蘊藏過去人類生活所遺留具歷史文化意義之遺物、遺跡及其所定著之空間。」這個定義與獨立類別運作了 10 年。最後，在 2016 年《文資法》的修法版本中，將「遺址」這個類別更名為「考古遺址」，歸屬在有形文化資產之下，並重新定義為：「考古遺址：指蘊藏過去人類生活遺物、遺跡，而具有歷史、美學、民族學或人類學價值之場域。」

年代	名稱	定義
1982	古蹟	古建築物、遺址及其他文化遺跡。
2005	遺址	指蘊藏過去人類生活所遺留具歷史文化意義之遺物、遺跡及其所定著之空間。
2016	考古遺址	指蘊藏過去人類生活遺物、遺跡，而具有歷史、美學、民族學或人類學價值之場域。

考古遺址究竟對我們有什麼意義？考古遺址可說是歷史

堆疊的具象化，認識考古遺址是我們認識自己、認識自己過去最直接的方式之一。

想像一下，在千百年前的歷史時期，甚至是數千年前的史前時期，人們大多都是從自然環境中尋找材料來製作各種生活所需要的器具，後續處理也只是就地掩埋或拋棄。當時的人依據自然條件與經驗來判斷、選擇居住的地點，並在各種原因下移動遷徙，有時前一批人剛走，下一批人又進駐，便反反覆覆在同一個地點累積不同時期的紀錄。就像把時間堆疊起來，將生活痕跡存留在腳下的土地裡。

當後來研究者逐步往更深的地下進行考古發掘的工作後，自然就會逆著歷史時間，發掘到不同年代人類所遺留下來的物品，甚至是吃過的動植物殘體，從而推測先民的生活型態。

透過考古發掘到的文化遺留，我們便能看到文字以外、由實物佐證的歷史。從抽象的口述與文字，走進與先民相同的空間，這種體驗是多麼難得！

第二間教室──防禦工事與軍事遺產

在臺灣，防禦工事（fortifications）或軍事遺產（military heritage）是比較少被提及的文化資產類型，但其實這類文化資產一方面呈現了人類如何善用地理環境，一方面也透露地理環境對人們生活的影響。它雖然不是《文資法》當中的類別之一，但歷史上幾個不同國家或族群在治理臺灣期間所遺留下來的防禦工事，則多已成為法定文化資產，開放給大眾參觀。例如：臺南的億載金城、熱蘭遮城，淡水的紅毛城，基隆的大武崙砲臺與二沙灣砲臺。而為了軍事任務而建造的設施，無論是碉堡、防空壕、機堡、軍營等，都屬於廣義的軍事遺產，在臺灣本島這些軍事人造設施物大多隱身在軍事管制區或營區之中，一般民眾比較不容易看到，反而在離島（如金門、馬祖），卻是隨處可見。

無論是「防禦工事」或「軍事遺產」，都是為了保護人類活動和聚落免受外部威脅，能抵禦攻擊，有著屏障和保護的功能。在此基礎上，本書選擇了兩處場域：一是位在臺南市安平區，早在荷蘭時代就已經興建完成的熱蘭遮城（在1947年左右被改名為安平古堡）；另一個則是馬祖南竿的大

二沙灣砲臺（北砲臺），1889 年（光緒十五年）竣工，可俯瞰基隆港，控制港區出入。
（Source: 周宜蓁）

漢據點。希望在這個類型的文化資產場所中能夠帶給學習者
更多有趣且新鮮的體驗。

第三間教室——西洋歷史式樣建築

在臺灣的有形文化資產類別中，「古蹟」與「歷史建築」

擁有為數不少具「西洋歷史式樣」特色的建築作品。依據成功大學建築系名譽教授傅朝卿的定義，大約1910年代左右，日本在明治維新時期接受西方國家所栽培訓練的建築專業者，開始將西洋建築的潮流帶進臺灣，「西洋歷史式樣建築」可說是統整了臺灣日治時期各種混雜不同歐洲國家建築式樣或風格的建築語彙。這類建築物通常在外觀上呈現出許多美感教育中關於比例、平衡、對稱、質感等元素的設計，因此可以與中小學課程中的藝術領域緊密結合在一起。

本書所介紹的臺灣臺南地方法院，便是臺灣西洋歷史式樣建築的代表作品。臺灣臺南地方法院這類「法院建築」，經常以西洋歷史式樣的建築樣貌展現在眾人面前。在許多國家，法院為了展現公平、正義的形象，往往在外觀造型上模仿西方古典建築，臺灣臺南地方法院也是在此概念下，被日治時期的建築師森山松之助設計為具有西洋歷史式樣的法院建築。這座全國少數結構完整的日治時期法院建築，目前已經轉型為「司法博物館」呈現在大眾面前。

新竹都城隍廟。（Source: 新竹市文化局）

第四間教室——宗教信仰場所

　　宗教信仰是許多人在心靈寄託上非常重要的支柱，連帶宗教信仰場所就蘊含了豐富的文化意義，其中又以建築的實體空間最能突顯宗教的神聖性，例如：歐洲哥德式建築的教堂強調高聳的空間氛圍，或是臺灣廟宇經常可見的香煙裊裊，都是想使人感受到神靈的存在。此外，宗教信仰場所為

了盡可能反映出信眾的虔誠奉獻，都會邀請最好的匠師或職人，參與建築和設計各種空間需求。從文化資產教育的角度而言，宗教信仰場所經常也是各種裝飾藝術集大成的展示，這些藝術性強烈的石雕、木雕、金工、彩繪等作品，都可以從藝術領域課程找到連結的機會。

另一方面，宗教信仰場所是人們在時代演進過程中，生活與信仰互動發展的成果。因此從社會科學習領域的角度來看，也同樣可以從中反映地方社群的變動過程。

在整個城隍廟的空間範圍內，不僅是城隍爺及其部屬的角色富有信仰意義，廟宇空間配置與神明祭祀科儀之間的動線與關係，也都十足反映了城隍信仰在該地區無可取代的社會意涵，因此本書以新竹都城隍廟作為本類型代表。

第五間教室——產業文化資產

產業遺產（industrial heritage），也有人翻譯為工業遺產，本書採用「產業文化資產」一詞，以符合目前文化部門的使用習慣。產業文化資產最早是泛指在工業革命之

華山文創園區，正式名稱是華山1914文化創意產業園區，通稱華山藝文特區。前身是日治時期的造酒場。1914年（日治大正三年）由日本人阿部三男與藤本鐵治合夥創辦「芳釀社」，生產當時非常受歡迎的「蝴蝶蘭」牌清酒，之後又擴大投資規模，改組為「日本芳釀株式會社」，曾是臺灣最大的造酒場之一。現已成為臺北市中心重要的藝文展演場所。照片中建築物原為紅露酒貯藏庫，拍攝時正舉辦華文朗讀節。（Source: YSP）

後，世界各國基於工業化生產的變遷而留下來的各種設施與廠房，日本在 2015 年登錄「世界遺產名錄」的「日本明治時代的工業革命遺產：鋼鐵、造船及煤礦產業」便是知名的案例。

另有一種概念則是將產業文化資產延伸到各種不同產業脈絡下的產業設施，包括菸廠、酒廠、礦場、糖廠、茶廠等。這些產業文化資產原先大多擁有大規模的生產機具設備，加上各種近現代科技的輔助，於是其空間便擁有一般文化遺產不容易感受到的空間尺度與場域規模。

　　臺北市的華山文創園區、本書所列舉的溪湖糖廠與臺中公賣局第五酒廠等，都是臺灣知名的產業文化資產。這些具有產業知識內涵的場所，如果生產機具設備與廠房保存下來愈多，就愈能讓人從產業科技史的角度，轉譯產業文化資產的科普知識。這些在過去文化資產教育的過程中最常被遺忘的場所，其實蘊藏著最多跟自然科、數學科學習領域相關的知識內容。

　　接下來，就讓我們走進這 5 間「教室」，一起來探索文化資產場所的知識內涵吧！

開課須知——
一張圖看懂課程設計

　　本書寫作的宗旨，係針對特定文化資產場所的教學現場，具體提供教學者在文化資產場所內設計教案時的參考，因此著重在課程設計的幾個重要階段流程。

　　課程設計的過程分為 3 大階段，分別是：現地勘查階段、課程規劃階段、試教與評量實踐階段，並以附圖詳細說明課程設計流程各個階段的細節。

　　後文便針對本書 5 種文化資產場所（即 5 間教室），回顧當初課程設計與教學操作的過程與心得，在「直擊教學現場」之中，分述了各教室如何「作為教學現場」、「轉化成教學內容」以及其「課程構思與發展過程」。

現地資料蒐集

議題面向
發掘地方議題、蒐集相關文獻、尋找可與課程連結之素材。

空間面向
理解場所及周邊環境的空間特色，尋找上課地點。

課程主題設計
設計者從現地勘查當中，歸納整理出文化資產場域「議題」或是「問題」，結合學校正規課程的基礎知識，擬定適合做為課程之主題。

學校
課程

環境
認知

環境觀察引導
檢視該地方場所具備哪些不同尺度的空間，從大到小，引導學習者進行不同空間層次的環境觀察。

學習教材教具設計

問題導向學習
引導學習者運用學校正規課程所學知識發現問題，進而解決問題。

圖文理解與創作
練習判別特定圖面及文字的意義，並能運用圖文創作觀察環境及表達看法。

教學媒材選用
依照不同的教學情境，選定紙本、教具、影片、APP等。

現地教學及成果評量
以一概念清楚的課程主題，引導學習者利用基礎學科知識(國語、數學、自然、社會等)在文化資產場域中學習並探索。透過學習單或APP等評量機制，評估學習者是否對於學科知識融會貫通，並能以其為基礎認識文化資產。

文化資產現地教學課程設計流程圖

考古遺址

為什麼選擇卑南考古遺址作為教學現場？

適合作為課程教學的考古遺址，除了要有豐富的現場資源外，最好還是人們耳熟能詳，才不需要花太多時間介紹。一開始的候選名單尚有八仙洞考古遺址、十三行考古遺址等地點，最後考量卑南考古遺址有可參觀的考古現場，附近學校較多，且交通便利，因此選擇以卑南考古遺址作為案例。

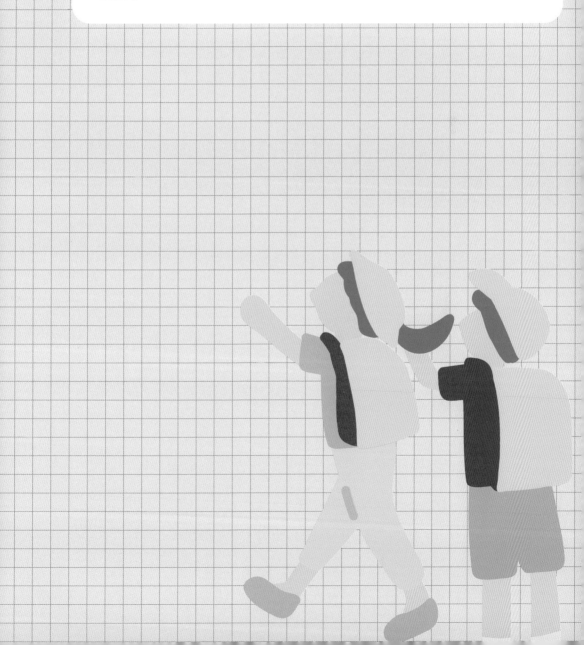

為什麼需要認識考古遺址？

　　尋找並認識自己的起源，是現代考古學自 19 世紀以來很重要的貢獻。人們對過往歷史的興趣隨著時代發展漸漸增加，就會開始關心這塊土地曾經住著誰、他們如何生活等等問題，而這些問題經常可以透過考古獲得解答。考古遺址不使用文字記載歷史，而是透過各種出土文物、生活痕跡，說明過去人類的故事，它可能只是流水帳般細瑣的日常，也可能記錄了驚天動地的事件。

　　根據文化部文化資產局的資料（2022.8）顯示，全臺灣目前法定考古遺址共有 53 個。實際上，考古學家歷年來所普查的考古遺址數量遠不只 53 個，而是多達 2,000 多個遺址！這個數字表示，考古遺址其實就在你我身邊，只是它不像古蹟建築或民俗活動，容易被看見與認識。

　　考古遺址指的是過去人類進行各種活動時留下來的生活痕跡，需要透過考古學家進行考古發掘，才有機會被大眾看

考古遺址就在你身邊

如果想認識身邊有哪些考古遺址，可以到中央
研究院歷史語言研究所「臺灣考古遺址地理資
訊系統」網站，裡面將 2,000 多個考古遺址與
地理資訊系統整合，你可以透過地圖看看離家
最近的考古遺址在哪裡。

見。然而考古發掘僅是考古工作的一環，在發掘工作結束後，
考古學家還需要對出土文物加以研究，推測文物的用途或製
程，相當於解謎一般，之後再將結果透過展覽或推廣活動呈
現出來，才能讓民眾也了解考古遺址。透過展覽或考古推廣
活動，可以讓人們思考：這塊土地上曾經住過什麼樣的人？
當時生活跟現代生活有什麼不一樣？這些人可能去了哪裡？
這片土地又是如何發展成現在的模樣？……這些問題的源頭
都可以從考古遺址裡得到解答。

　　在全臺灣的考古遺址中，並非所有遺址都能夠進行展示

或推廣活動，甚至在 53 個法定考古遺址中，也只有一半左右數量的遺址，在現場或周邊設有推廣設施。以下表列了部分考古遺址的現況，並說明遺址現有的推廣設施，供讀者選擇文化資產場所規劃教學時參考。另，文化部文化資產局「國家文化資產網」網站亦提供各種文化資產的介紹查詢，可善加利用。

十三行考古遺址，包含 3 個文化層：圓山文化層、十三行文化層與歷史時期漢人文化層，其中以十三行文化層為主，年代始於距今 1,800 年前。（Source: 文化部）

和平島 B 考古遺址，是西班牙時代教堂之基礎，為迄今在臺灣所發現年代最早之天主教
教堂遺留。（Source: 基隆市文化局）

名稱	文化資產級別	推廣設施	現況說明
卑南考古遺址	國定考古遺址	卑南遺址公園	位於臺東縣臺東市。出土了大量墓葬遺留、陶器、石器及玉器等文物，已在遺址現場設立全臺灣第一座考古遺址公園。代表文物為「人獸形玉玦」，為國立臺灣史前文化博物館的標誌。
圓山考古遺址	國定考古遺址	圓山遺址展示室（花博圓山園區內）	位於臺北市中山區。以圓山貝塚聞名。貝塚是史前人類食用貝殼類生物後丟棄而產生，顯示當時該地區在臺北湖周邊，水生資源豐富。
十三行考古遺址	國定考古遺址	十三行博物館、新北考古公園	位於新北市八里區。遺址中發現鐵渣及煉鐵遺跡，是臺灣首次確認的煉鐵遺址。具代表性的文物為「人面陶罐」，是十三行博物館的鎮館之寶。
大坌坑考古遺址	國定考古遺址	僅解說牌	位於新北市八里區。調查發現此遺址涵蓋臺灣北部地區大部分的文化層，文化內涵豐富。遺址位於觀音山山麓，無大規模開發。
鳳鼻頭（中坑門）考古遺址	國定考古遺址	僅解說牌	位於高雄市林園區。在日治時期因挖掘壕溝而發現。其所出土文物為南部地區最早發現的。

八仙洞考古遺址	國定考古遺址	解説牌、現地保存、遊客中心	位於臺東縣長濱鄉。遺址現場緊鄰海邊，在岩壁中有許多天然海蝕洞地形，是史前人類居住生活的空間。過去曾有宗教信仰者進駐，目前現場設有解説牌，遊客中心亦有規劃簡單展示。
曲冰考古遺址	國定考古遺址	僅解説牌	位於南投縣仁愛鄉。為高山地區僅有的大型聚落考古遺址，是研究史前人類如何從平地移動到山區的最佳材料，出土文物也説明過去曾有製作玉器的工藝技術。
斬龍山考古遺址	直轄市定考古遺址	斬龍山遺址文化公園	位於新北市土城區。遺址的文化層屬於圓山文化土地公山類型，是同類型文化中，少數經過詳細發掘的考古遺址。
惠來考古遺址	直轄市定考古遺址	小來公園	位於臺中市西屯區。因出土完整的孩童墓葬，命名為「小來」，也是後來公園的名稱由來。遺址現場今搭有棚架，並展示考古發掘現場及墓葬遺留。
牛罵頭考古遺址	直轄市定考古遺址	牛罵頭遺址文化園區	位於臺中市清水區。日治時期曾建有神社，民國後有段時間為軍事營區。目前規劃為文化園區，展示中部地區的史前文化。

七家灣考古遺址	直轄市定考古遺址	僅解說牌	位於臺中市和平區武陵農場。是目前陶器遺址中海拔最高的遺址，有助於了解史前人類在高山定居的生活樣態。
道爺古墓	直轄市定考古遺址	僅解說牌	位於臺南市新市區。建造年代不詳。遺址現場可看到解說牌及古墓結構。
道爺南糖廊遺址	直轄市定考古遺址	僅解說牌	位於臺南市新市區。為清朝時代製糖遺跡一部分。糖廊是製糖時節的臨時建築，可說是早期的製糖工廠。 道爺古墓與道爺南糖廊遺址，皆位於臺南科學園區中，因園區廠房的開發而進行考古發掘。園區中還有其他考古遺址，部分設有考古意象雕塑或解說牌。
麻豆水堀頭遺址	直轄市定考古遺址	蔴荳古港文化園區	位於臺南市麻豆區。此地區為西拉雅族麻豆社範圍，過去位於倒風內海岸邊，船隻可停靠上岸。
左營舊城考古遺址	直轄市定考古遺址	見城館	位於高雄市左營區。遺址涵蓋史前時代到歷史時代，已證實與清代鳳山縣舊城相關，可與古蹟左營舊城相互研究。
內惟（小溪貝塚）考古遺址	直轄市定考古遺址	僅解說牌	位於高雄市鼓山區。遺址內有貝塚遺跡，應與平埔族馬卡道族打狗社相關。

和平島 B 考古遺址	縣（市）定考古遺址	現地遺址	位於基隆市中正區。係西班牙占領臺灣北部時留下的修道院遺跡，現場已發掘出完整的建築遺跡，並發現墓葬遺留。
古笨港遺址	縣（市）定考古遺址	古笨港戶外考古園區	位於雲林縣北港鎮。為明清時代的考古遺址，當地舊名笨港，是清代重要港口之一。
支亞干（萬榮・平林）考古遺址	縣（市）定考古遺址	僅解說牌	位於花蓮縣萬榮鄉。1929 年進行發掘及研究。出土遺物豐富，近代研究顯示該遺址可能與玉器製作相關。
公埔考古遺址	縣（市）定考古遺址	解說牌、石柱	位於花蓮縣富里鄉。1929 年進行調查及研究。遺址現場可見石柱及石壁。
Satokoay（舞鶴）考古遺址	縣（市）定考古遺址	解說牌、石柱	位於花蓮縣瑞穗鄉。遺址現場有兩根大型石柱，周邊圍繞的小型石頭係後人添加。當地的阿美族及撒奇萊雅族皆有與之相關的傳說故事。
舊香蘭考古遺址	縣（市）定考古遺址	僅解說牌	位於臺東縣太麻里鄉。離海邊不到 50 公尺，因颱風沖刷而進行搶救考古。在遺址中發現半熔解玻璃珠、鍛造鐵器及青銅器模具等文物，證實金屬器時代冶煉金屬的技術。

都蘭考古遺址	縣（市）定考古遺址	解說牌、現地遺址	位於臺東縣東河鄉。自日治時期即有學者進行調查，目前在遺址現場也可看到岩棺和石壁。
巴蘭考古遺址	縣（市）定考古遺址	解說牌、現地遺址	位於臺東縣卑南鄉。當地卑南族有與之相關的傳說故事，現場可看到石板屋、立石、正方形石板棺等遺跡。
大馬璘考古遺址	縣（市）定考古遺址	大馬璘遺址文化園區	位於南投縣埔里鎮。自日治時期即進行考古發掘，目前已發現豐富的石器、陶器、石棺等文物。

TIPS

花東地區的巨石文化

表格中所列出的花東地區考古遺址，屬於東部地區的「巨石文化」，這些遺址現場多留有石柱、石棺或石壁，可直接供大眾參觀。事實上還有許多考古遺址未被指定或登錄為文化資產，本表僅列出屬於法定文化資產，且相關研究較多的考古遺址。

如何認識考古遺址？

　　臺灣有 2,000 多個考古遺址，這個數量比全臺灣的全聯福利中心店家數還多，但你會不會感到奇怪，怎麼在生活中一個遺址都沒看過？其實主要的原因是，在考古發掘完成後，常見的做法是將考古文物從遺址中取出，帶到研究室中進行研究，再將考古遺址回填，以保護那些來不及取出、或無法取出的部分遺留（例如柱洞、駁坎等建築痕跡）。回填之後的考古遺址，如果沒有特別設立解說牌，一般人無從得知腳下有考古遺址的存在。事實上，沒有進行回填處理而保留考古遺址發掘現場的案例不多，即使在 53 個法定考古遺址中也是少數。而從遺址中取出的考古文物，有部分會收藏在博物館，有部分會在學術研究單位再進行研究——這些典藏與研究工作，都是為了讓民眾有機會透過展覽認識考古文物，也藉由認識考古遺址更認識我們自己。

　　該如何認識考古遺址呢？首先可以從考古遺址的內容著

手，了解它的出土文物有哪些，屬於哪些時期（例如：舊石器時期、新石器時期、金屬器時期等等）。另外，還可以細究考古遺址的範圍以及周邊環境，以便了解過去人類生活的領域，也有助於古今地貌的對比。這些內容都是一般大眾在面對考古遺址時會先獲得的資訊，若以教學者的角度來看，則還需要考慮考古遺址現場的狀況。

理論上，一般社會大眾若能走進考古遺址現場，觀看考古學家正在進行的考古發掘工作，必然更有助於認識考古遺址的歷史脈絡。然而，考古發掘工作有其時效性，倘若考古遺址現場要開放讓民眾進入參觀，相關的教育推廣計畫就必須提早透過考古工作團隊，向有關單位提出申請與規劃，同時也必須編列預算來因應。可惜，國內大部分考古遺址多處於考古發掘工作結束的狀態，無法再進行上述流程。因此，要想認識考古遺址，有以下幾個問題需要思考：考古遺址現場是否已回填？考古遺址是可以參觀的土地嗎？發掘出來的考古文物有展出嗎？在哪裡展出？根據這幾個問題的答案，再來決定要如何認識考古遺址。

都蘭考古遺址，目前遺址範圍可見的遺跡有石棺區和石壁區，可直接參觀。（Source：姜柷山）

· **考古遺址沒有回填，可以參觀，且考古文物有展出**

這裡提到的「沒有回填」，指的是沒有全部回填，還保留一部分考古發掘現場供大眾參觀。例如：卑南考古遺址、惠來考古遺址等地點，它們都保留了小部分考古發掘現場，大部分則已回填處理。而卑南考古遺址除了保留一

部分考古現場，另將大量出土文物陳列在卑南遺址公園內的展覽廳。

・考古遺址沒有回填，可以參觀，但考古文物沒有展出

部分考古遺址回填之後，原本就在地表之上的文物依然保持原本的樣子。這樣的案例在東部較多，例如Satokoay（舞鶴）考古遺址、都蘭考古遺址等地點的石柱或石棺，現場也會設有解說牌詳細說明。這些考古遺址的出土文物不一定有公開展出。

・考古遺址已回填，但考古文物有展出

考古遺址已回填，但出土文物移至博物館內展出的案例，包括：十三行考古遺址、牛罵頭考古遺址以及圓山考古遺址等皆為這樣的狀況，可以直接前往展覽館參觀。以十三行遺址為例，出土文物在十三行博物館中展示，考古遺址現場則在一旁的八里汙水處理廠中，需要特別申請才能進入參觀。汙水處理廠內的遺址現場則是已回填的考古遺址，但設有解說牌，透過地表調查，仍可發現零星的陶片等文物。

· 考古遺址已回填，且考古文物沒有展出

　　這樣的情況是最可惜的，除了遺址的研究報告之外，幾乎沒有別的方法可以認識考古遺址。目前大多數經過考古發掘的考古遺址都是這樣的情況，少部分在考古遺址現場設有解說牌，可考慮前往參觀，唯須注意因為考古遺址已回填，解說牌附近可能只會看到一片平地或草地。

TIPS

臺灣考古文物哪裡找？

每個考古遺址的狀況不同，適合在考古現地建立考古遺址展示館的案例在臺灣是少數，大多是將考古文物送往各相關博物館、大專院校或是中研院等地保存，再由館方選擇適合的文物進行展示。臺灣目前展示考古相關文物的博物館有：國立臺灣史前文化博物館（含南科考古館、卑南遺址公園）、國立自然科學博物館、新北市立十三行博物館、樹谷生活科學館、蘭陽博物館、花蓮縣考古博物館。

以卑南遺址公園
作為教學現場

　　卑南遺址公園大部分為戶外場地，展示廳、遊客中心、瞭望臺及考古現場等地點有室內遮雨處，雨天時可供躲雨。只有展示廳外的商店販賣簡單輕食及飲料，便利超商及便當店都須走到臺鐵臺東車站周邊。另，公園內大草坪可供團體野餐，唯須注意餐後的整理及清潔。

汽機車行駛路線
Vehicle Route

行人徒步路線
Pedestrian Route

廁所
Restrooms

詢問處
Information

停車場
Parking

餐飲
Dining

置物櫃
Lockers

售票處
Tickets

無障礙設施
Accessible

樓梯
Stairs

西側瞭望臺
West Viewing Platform

本書各單元所列舉之參觀資訊，主要是針對文化資產教育團體活動所作之提醒，並非一般遊覽資訊。

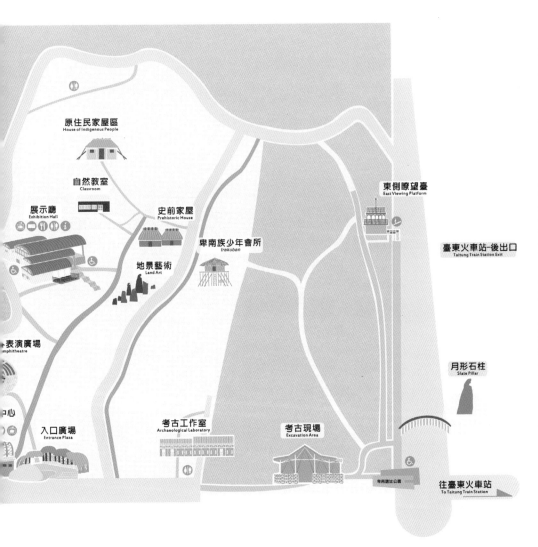

（Source: 國立臺灣史前文化博物館）

卑南考古遺址發展概述

·最早的發現者：

　　從日治時期開始就陸續有學者在卑南考古遺址進行研究。最早由日本學者鳥居龍藏於 1896 年以照片記錄了地表上的石柱景觀；到了 1930 年代，另一位日本學者鹿野忠雄在他的書中也提到卑南考古遺址地表上立著許多石柱。然而直到 1944-1945 年間，才由金關丈夫與國分直一兩位日本考古學家首次對此地區進行考古發掘，他們先小規模發掘一大石柱下方，希望可以了解石柱的用途，結果在石柱底下找到了陶片，以及由板岩跟礫岩組成的房屋遺跡，由此推測石柱可能是房屋結構的一部分。由於首次的考古發掘規模較小，日本學者推測卑南考古遺址的範圍並不大，加上當時正值戰爭期間，來不及進行更多調查研究，只能暫時中止發掘。

·1980 年代開始的考古工作：

　　在經歷首次發掘之後，卑南考古遺址將近 40 年後才再次進行考古發掘工作。1980 年，南迴鐵路卑南新站（今臺東車站）在興建過程意外挖出埋藏在地底的史前遺物，導致卑南考古遺址受到嚴重破壞。當時臺灣大學人類學系的宋文薰

與連照美兩位教授，帶領考古工作隊加以搶救，前後進行了
13 梯次，於 1990 年左右告一段落，共歷時 9 年，發掘面積
1 公頃，出土 1,500 多具石板棺，以及 2 萬多件石器及陶器
考古文物，成果非常豐碩。也因為這次發掘工作，確認了卑
南考古遺址在史前文化方面的重要性，教育部亦於 1988 年
決定籌建博物館，以便收藏、研究及展示卑南考古遺址的考
古文物。在籌建博物館的過程中，也進一步研究卑南考古遺
址的確切範圍，擴大至 90 公頃。

2008 年，政府將遺物密集區納入遺址公園的範圍，設置考古現場，供大眾參觀。
（Source: 榮芳杰）

臺灣史前文化博物館籌備處即基於此脈絡於 1990 年成立，考慮建館可能對卑南考古遺址造成影響，因此另外在相隔不遠的康樂車站周邊尋找建館基地，原本的遺址範圍則成為現在的卑南遺址公園。其後籌備處又於 1992-2007 年，針對園區內各項設施的預定地進行地下探測，避免興建設施時破壞遺址。例如：1993 年遺址公園東側保護區內，曾發生地主自行開挖，導致數十具石板棺露出，籌備處只能趕緊以探坑發掘方式處理被破壞的遺址，當時出土 4,000 多件大小陪葬品，同時也進一步確定園區東側為卑南考古遺址的遺物密集區。另外，籌備處在園區南側進行小規模試掘，結果證實以園區東邊界線（考古工作站）為界，東界線以東是遺物密集區，遺物在表土層就有分布，東界線以西則遺物較少，表土堆積也越厚。

　　2002 年底，卑南遺址公園正式開幕，當時的遺址公園範圍較小。由於前述提到的研究工作，發現卑南遺址公園東側到月形石柱之間是卑南考古遺址的遺物密集區，待 2008 年由政府徵收此地後，展開一連串地下探測及考古試掘，並根據結果設置現在卑南遺址公園中的考古現場。

卑南考古遺址現場介紹

・考古出土文物及其展示廳：

　　卑南考古遺址經過多次考古發掘工作，出土文物非常豐富，包含 1,500 多具石板棺、50 多處建築遺構、6,000 多件玉器以及大量的石器與陶器等文物。其中最具代表性的就是現在史前館的標誌——人獸形玉玦。其他還有像是玉鏟（類似斧頭）、玉鑿、玉鏃、玉管、玉環、鈴形玉器等等，顯示卑南文化的玉器工藝非常發達，可以運用切割、鑽孔等技巧，將玉石製作成裝飾品使用。

　　除了玉器之外，卑南考古遺址出土的石器及陶器，也反映出先民的生活樣貌，例如：從出土的石鋤、石刀及石鐮，可推測當時已有整地及收割作物的需求，也代表具有耕種的技術。而石矛和弓箭，則可推測是狩獵用的工具。

　　遺址公園的展示廳除了展示上述卑南考古遺址豐富的出土文物，也將階段性研究成果展示出來，如：房屋空間布局、象徵成年禮的拔牙習俗等，讓參觀者更認識史前卑南文化的種種。

「玉玦」是什麼？

「玦」的意思是有一個缺口的環形，可作為耳環或其他裝飾配件。玉玦有圓形、環形和方形等形狀，而卑南考古遺址出土的人獸形玉玦，已被指定為國寶，是考古出土物中第一個被指定為國寶的單一文物。目前全臺灣考古遺址中出土的人獸形玉玦超過 20 件，東部較多，西部較少。

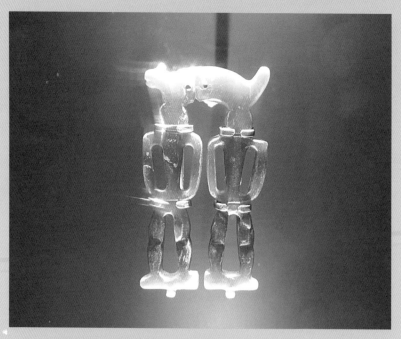

人獸形玉玦實際大小高約 7 公分、寬 4 公分，出自石板棺中，可能屬於陪葬品。（Source: 黃琬瑜）

· **月形石柱**：

　　目前在卑南考古遺址範圍，已看不到日本學者所說的眾多石柱，只餘月形石柱。另有部分石柱只剩下根部，並多位於私人土地。卑南考古遺址的石柱有幾個特殊之處，例如：

　　＊現存石柱的方向皆為北偏東 30 度，誤差為 1 度。

　　＊延伸石柱的兩端軸線，皆指向都蘭山，也就是東北—西南向。

石柱原先頂端為圓洞，今已風化剝落如月形，故名月形石柱。（Source: 江篠萱）

＊部分石柱頂端開有圓洞。

＊石柱的材質皆為板岩。

　　考古學家也嘗試透過這些發現，配合在石柱周邊發掘到的考古文物，推測石柱的用途。較常見的說法是，這些石柱屬於房屋結構的一部分，房屋的主結構可穿過石柱上的圓洞以撐起房子。另一種說法是，這些石柱可能是作為測量或祭祀的用途而被立了起來。總之，石柱的真實用途還有待未來

考古出土文物展示廳。（Source: 榮芳杰）

的學者提出更多證據才能論斷。

· 考古現場：

　　卑南遺址公園中的考古現場，是作為考古發掘及展示用的基地，在裡面可以看到史前家屋的結構，以及大量的石器遺留，包括石梯、石臼、砌石圈、石柱根部以及砌石牆等等。現場有解說牌，參觀者可以對照數字標示牌找到特定的石器遺留。其中石梯、石臼與砌石圈是現場非常明顯且容易辨別的石器，考古學家對這 3 項文物也有不同用途的推測：以「石梯」來說，曾有考古學家認為這可能是餵豬的容器，然而觀察、測量石梯上面的使用痕跡，發現每一階都出現明顯的光滑區域，且磨損方向相同，推測是長時間踩踏造成，應以「石梯」的說法比較準確。而以「砌石圈」來說，推測較有可能是用來儲存食物。建議在帶領學習者參觀考古現場時，可以花點時間找出這些石器，並引導其說出自己的推測。

· 西側瞭望臺：

　　在遺址公園的東、西兩側各有一座瞭望臺，可以眺望都蘭山、虎頭山、鯉魚山及臺東市全景。其中在西側瞭望臺下方，現址保留了 3 具石板棺。這 3 具石板棺皆為單人墓葬，

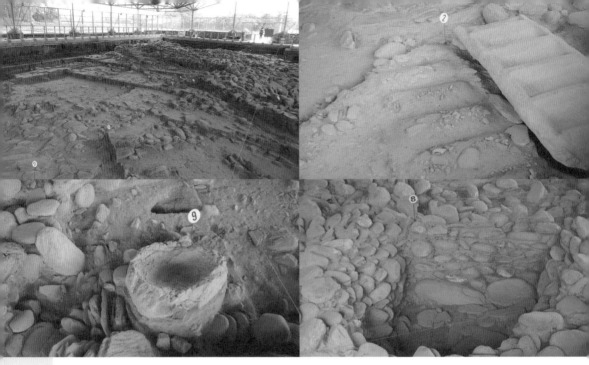

考古現場以及其中的石梯、石臼、砌石圈。（Source: 江篠萱）

埋葬姿勢為頭朝南方、腳指向都蘭山，其中 2 具石板棺內曾
發現耳飾及其他陪葬飾品。

· **史前家屋**：

　　此處家屋建築為史前館請建築學者協助，根據卑南考
古遺址的出土物，並參考當時地形、氣候、在地材料、生活
功能等各方面，想像復原卑南文化人的住屋形式。在史前家
屋的展示區裡可看到卑南文化人的整體居住空間，除了房屋
外，推測還有前庭、步道、駁坎、儲物用砌石圈等。

上｜西側瞭望臺下方墓葬遺跡。現場僅保留石板棺，墓葬遺留皆取出另存。（Source: 江篠萱）

下｜史前家屋，可與考古現場中的建築遺構對比參考。（Source: 江篠萱）

如何將卑南考古遺址轉化成教學內容？

卑南考古遺址主要範圍分布在卑南遺址公園內，適合轉化成教學內容的文物包含：

適合作為教學內容的素材
月形石柱、考古現場、史前家屋、展示廳及西側瞭望臺。 ・月形石柱：石柱本身。 ・考古現場：解說牌、建築遺構、石梯、石臼及砌石圈等石器。 ・史前家屋：卑南考古遺址房屋的想像復原。 ・展示廳：出土文物展示，包含玉器、石器及陶器等。 ・西側瞭望臺：墓葬石板棺。

找到這些素材後，再與學校課程中的學習單元連結。例如：卑南考古遺址是臺灣重要的遺址之一，所有版本的社會課本都會提到卑南考古遺址，故可以跟社會領域的「臺

TIPS

書末附錄很重要！

若想進一步知道文化資產教育如何連結國民基本教育、課程綱要、學習單元等，請參見書末附錄一。

灣的史前時代」單元連結。

在卑南考古遺址中，可以看到砌石圈、石梯、石臼、砌石牆等文物，現場的解說牌內容雖呈現了石器在考古現場中的分布，但並無說明細節內容。史前館則提供許多摺頁資料，其中一份說明卑南考古遺址從以前到現在的發掘過程，可以大致分為 4 個階段。本次課程其中一單元就是以此摺頁為基礎，將之改編成「引導寫作」的語文教材，尤其目前在考古現場中已經看不到當年發掘的情形，特別適合透過文字想像當時的狀況。

在月形石柱的區域，可以看到兩塊豎起的大型石柱，以及一旁部分已損毀的石柱基底。月形石柱的名稱，來自於其中一塊石柱的形狀。根據紀錄，過去在卑南考古遺址可以看到許多大型石柱，且這些石柱的軸線都朝東北—西南向，石

柱的材質還都一致。此內容可以搭配自然領域的「使用指北針」單元。

月形石柱及考古現場兩地的共通點為含有大量石頭製品，可以分別看到石柱、石梯、砌石圈及家屋遺構等。除了與課本中的學習單元連結外，月形石柱及考古現場中的石器，亦非常適合讓學習者練習觀察、記錄及推論等素養能力，因此也將它加入課程中。

卑南考古遺址現地勘查紀錄表		
課程進行地點	現地勘查發現之素材	建議學習單元
卑南遺址公園	月形石柱 考古現場建築遺構 卑南文化家屋復原區 瞭望臺下方墓葬區 考古工作室旁之石柱	數學：邏輯推理 社會：臺灣的史前時代 國語：短文寫作、邏輯推理 自然：方位、岩石成因

學習單雲端資料夾

第一間教室：考古遺址
適用年級：國小高年級
課程時間：兩小時
〈寫下卑南文化人的「石」代故事〉學習單空白版與參考解答版

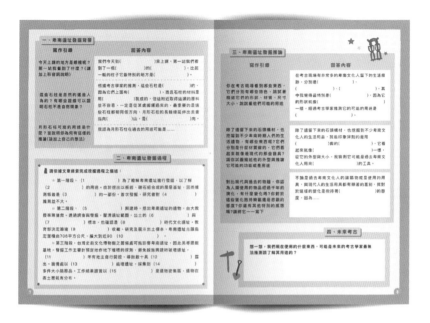

一、卑南遺址發掘背景

二、卑南遺址發掘過程

三、卑南遺址發掘推論

四、未來考古

寫下卑南文化人的「石」代故事

單元一　月形石柱

單元二　卑南遺址發掘過程
第1階段　1944年～1945年
第2階段　1980年～1990年
第3階段　1992年～2007年

卑南考古遺址課程構思與發展過程

　　卑南遺址公園範圍廣大，而這些具有教案素材資格的地點，彼此都有些距離，考量移動費時以及教學素材的連貫性，最後選定「月形石柱」及「考古現場」兩個鄰近地點。原本想鎖定考古現場作為教學素材，希望可以透過考古現場，連結考古文物與遺址之間的關係，並在課程中呈現「史前生活」的樣貌。但卻發現大部分與生活相關的考古文物集中在考古展示廳，而考古現場則以大件石器為主，而且考古展示廳中的文物並非來自目前開放參觀的考古現場，而是來自其他已回填的考古探坑。考古現場雖然可以看到文物與考古遺址之間的關係，可惜缺少脈絡性說明；而考古展示廳雖然可以清

楚了解考古文物在史前時代的意義，讓人理解文物本身的用途，卻較難與卑南考古遺址現場產生連結。因此在無法同時將展示廳的考古文物與考古現場連結的情況下，遂以考古現場中的石器文物為教案主要內容。另外，西側瞭望臺的墓葬區也非常適合教學，但光是步行就需要 7、8 分鐘，時間有限的情況下只好放棄。

上述說明了現地教學的諸多考量，也顯示事先勘查場地的重要性。接下來就說說教學課程的設計目的。

卑南考古遺址中所有的教學素材，與社會領域中的「臺灣的史前時代」單元高度相關，因此將對象設定為國小高年級學生。接下來需要將月形石柱及考古現場中的教學素材，連接成一整套教案課程。首先以月形石柱為開場，讓學習者觀察月形石柱現場，並透過比對舊照片，了解地表的變化，再讓學習者實際以指北針測量月形石柱軸線的方向，並從結果證明石柱都是人為所樹立。這一段課程是為了引起學習者對考古文物以及考古發掘的好奇心，也帶出卑南考古遺址過去與現在不同的樣貌。

設計課程時，光是討論考古現場的課程活動就花了許多時間，一方面希望學習者可以仔細觀察考古文物，一方面也希望讓他們了解整個卑南考古遺址不只有眼前看到的考古現場。因此特別將前面提到的摺頁資料中的「卑南考古遺址發掘經過 4 階段」重整並簡化成 3 段文字，分別代表 3 個考古發掘階段，讓學習者理解整個卑南考古遺址的發掘過程。

這 3 段文字中，再拆成文章架構的「背景、經過、結果」3 個部分，讓學習者閱讀後依照順序排列文章，這樣一來即使在現場看不到考古發掘過程，也可以透過文字略知一二。

此外也加入了考古學中重要的觀察及推理能力，讓學習者透過觀察考古現場的石器，思考史前人類如何使用這些器具。針對考古現場的石梯、石臼以及砌石圈，讓學習者仔細觀察並記錄石器的外觀，在此段課程先不透露考古學家對石器用途的推測，而是讓學習者自己透過觀察記錄後嘗試加以推測，之後再一一交代考古學家推測的過程。

為了讓學習者理解史前人類不只使用石器，也會使用玉器和陶器作為生活用品，原先考慮帶學習者前往展示廳參

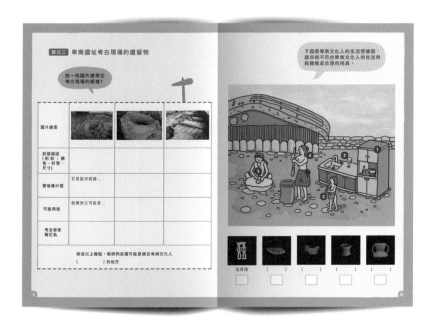

觀，但因受課程時間的限制，轉為將玉器和陶器收錄在教材中，並參考日本兵庫縣考古博物館兒童展示廳的做法，以古今對比的方式，在教材中畫出史前人穿戴現代用品的圖畫，讓學習者進行找碴遊戲。遊戲中將史前人的生活用品類比為現代用品，有助於對史前人生活的想像。

　　課程的最後加入未來考古學的概念，讓學習者思考有什麼現代產品是未來人類在進行考古時，可能不知道如何使用

日本兵庫縣考古博物館兒童展示廳的展覽形式。（Source: 江篠萱）

的事物，從而加深學習者對考古學的概念。

　　卑南考古遺址的課程中包含觀察、記錄、推理、閱讀理解等方法，因此在課程的最後將前面的內容轉為提問，藉由引導寫作的方式，讓學習者記錄每一階段的學習內容，並作為這次課程的評量成果。

番外篇：課後聊一聊

本次文化資產教育試教邀請的對象是臺東市馬蘭國小六年級學生。在考古現場進行課程時，學生的想像力非常豐富，發表出許多有趣的答案。以石臼來說，學生認為它有可能是馬桶、浴缸、椅子、大碗等物品；砌石圈則被學生認為是浴缸、井、棺材、鍋子等物品；石梯的用途則分為兩派，一派認為是用來洗衣服的洗衣板；另一派則認為是作為梯子使用。

※ 來看看參與試教的老師與學生怎麼說：

教師	· 一些平常在課堂中非常踴躍發言的學生，到了現場卻比較沉默，與教學者互動較少；反而是平常在課堂中反應比較差的學生，在現場與教學者互動良好，回答問題非常踴躍。 · 課程的提問沒有標準答案，需要學生自己在現場透過觀察找出答案。身為老師最大的收穫，就是發現原本課堂表現比較差的學生，其實有非常好的觀察能力及創意發想能力。
學生	· 這次出來戶外，跟以往的校外教學很不同，純粹玩的時間變少了。 · 課程內容很有趣，很新奇好玩，也感覺到考古現場的神祕。 · 印象最深刻的事情是猜測石器用途的部分，以前都沒想過它們的用途是什麼，真的了解之後才知道跟自己想像的完全不一樣，覺得很有趣。

由上而下 |

在月形石柱課程單元，教學者以舊照片引導學習者比對現場環境。（Source: 江篠萱）

學習者在考古現場找尋特定石器，觀察並記錄在學習單。（Source: 江篠萱）

學習者在考古現場找尋特定石器。（Source: 江篠萱）

學習者依據引導寫作，完成手冊內容。（Source: 江篠萱）

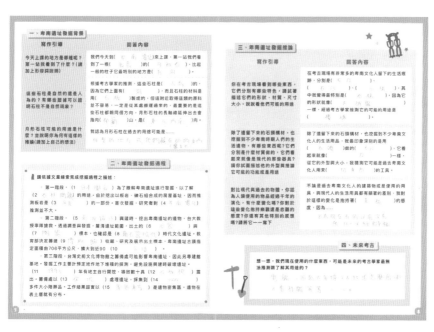

一、卑南遺址發掘背景

寫作引導 | 回答內容

今天上課的地方是哪裡呢？第一站我們看到了什麼？(請加上形容詞描述)

根據考古學家的推測，這些石柱是（　　　）的，因為它們上面有（　　　），而且石柱的材料是（　　　）製成的，但這附近取得這種材料不容易，一定是從某些遙遠過來的，最重要的是這些石柱都朝同個方向，月形石柱的長軸延伸出去會指向（　　　）山，是（　　　）向。

這些石柱是自然的還是人為的？有哪些證據可以證明石柱不是自然殘留？

月形石柱可能的用途是什麼？並說明你為何有這樣的推論？(請加上自己的想法)

二、卑南遺址發掘過程

請依據本文線索完成挖掘過程之描述：

第一階段，（１　　　）為了瞭解卑南遺址進行發掘，以了解（２　　　）的用途，由於挖出以板岩、礫石組合成的房屋基址，因而推測房屋是（３　　　）的一部份，首次發掘，研究者對（４　　　）推測並不大。

第二階段，（５　　　）興建時，挖出卑南遺址的遺物，台大教授準備搶救，透過調查與再發掘，釐清遺址範圍，出土的（６　　　）標本，也確認是（８　　　）時代文化遺址，教育部決定興建（９　　　）收藏、研究及展示出土標本，卑南遺址古蹟指定面積由706平方公尺，擴大近90（１０　　　）。

第三階段，台灣史前文化博物館之籌備處可能影響未來遺址發掘，發掘工作主要針對預定地的地下埋藏的探測，避免設施興建時破壞遺址。

（１１　　　）年有地主自行開挖，導致數十具（１２　　　）露出、籌備處以（１３　　　）處理遺址、採集到（１４　　　）多件大小陪葬品，工作結果證實以（１５　　　）為遺物密集區，遺物在表土層散布的分布。

三、卑南遺址發掘推論

寫作引導 | 回答內容

在考古現場有非常多的卑南文化人留下的生活痕跡，分別是（　　　）、（　　　），其中我覺得最特別的是（　　　），因為它的形狀很像（　　　）一樣，經過考古學家推測它的可能的用途是（　　　）。

你在考古現場看到哪些東西，它們有哪些特色，請試著描述它們的形狀、材質、尺寸大小，說說看它們可能的用途。

除了挖掘下來的石頭橫材，也挖掘到不少卑南眾人的生活用品，有哪些東西呢？它們分別是什麼性質的，它們看起來就像是現代的那些器具？請你試圖推想他的外型與推論它可能的功能或是用途。

除了遺留下來的石頭橫材，也挖掘到不少卑南文化人的生活用品，我最印象深刻的是（　　　）它看起來像（　　　），從它的外型與大小，我猜測它可能是（　　　），是卑南文化人拿來（　　　）的工具。

對比現代與過去的物體，你認為人類使用的物品經過幾千年的演化，有什麼變化嗎？針對這些變化你抱持樂觀還是悲觀的態度？你覺得有沒有特別的感想嗎？請你一一寫下

不論是過去卑南文化人的建築物或是使用的用具，與現代人的生活用具都有顯著的差異，我對於這樣的變化有抱持（　　　）的感想，因為……

四、未來考古

想一想，我們現在使用的什麼東西，可能是未來的考古學家最無法解讀或是難以了解用途的呢？

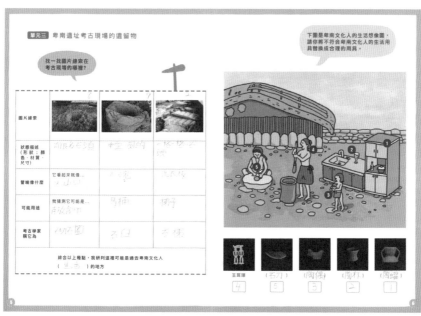

單元三 卑南遺址考古現場的遺留物

找一找圖片線索在考古現場的哪裡？

下圖是卑南文化人的生活想像圖，請你將不符合卑南文化人的生活用具替換成合理的用具。

圖片線索			
狀態描述(形狀；顏色；材質；尺寸)	高度有毛邊	中空 鋼鐵	一條條的紋路
它看起來像什麼	它看起來像…	火爐	天花板
可能用途	我猜測它可能是 盛放食物	馬桶	柱子
考古學家稱它為	陶圈	石臼	石牆
綜合以上觀點，我研判這裡可能是過去卑南文化人（居住）的地方			

玉耳環　（石刀）　（陶偶）　（陶杯）　（陶罐）
４　　５　　３　　２　　１

防禦工事與 軍事遺產

為什麼選擇熱蘭遮城（包含現在安平古堡園區範圍）作為防禦工事教學現場？

今日臺灣所有城堡中，熱蘭遮城較早建成，且它的歷史橫跨 5 個時期，無論統治者如何更換，熱蘭遮城總是占有一席之地。每個時期都在此留下不少史料與遺跡，尤其是荷蘭時期，當時熱蘭遮城是荷蘭東印度公司在臺灣主要的行政中心，提供了許多適合教學的素材，因此選擇熱蘭遮城作為本類型文化資產教育的案例最為恰當。

為什麼選擇大漢據點作為軍事遺產教學現場？

在所有馬祖南竿島已開放的據點中，尚保留軍事空間的有大漢據點、北海坑道、勝利堡及鐵堡，其中鐵堡的規模最小，且多為室外場地；而北海坑道則易受潮汐影響，且步道狹窄恐增加現地課程的危險。大漢據點及勝利堡規模較大，都包含槍砲陣地和其他軍事用途，適合進行現地教學課程；其中大漢據點步行 10 分鐘距離就是仁愛國小，最適宜作為課程發展案例。

為什麼需要認識防禦工事與軍事遺產？

　　臺灣地處海洋貿易航線中的重要位置，兼之物產豐饒，自17世紀以來，許多國家都曾將臺灣作為貿易據點或殖民地，陸續在澎湖離島、臺灣本島的西部與北部，建立多處防禦性軍事建築，對外阻擋侵略者，對內抵禦族群衝突。

　　細究源自於西方殖民下的建築物，絕大部分都以軍事防禦的機能為主，往往名之曰「○○堡」或是「○○城」。雖稱之為「城」，卻完全不同於傳統概念下以常民生活為主的歷史古「城」。要打破這種空間型態，得到1725年（雍正三年）清領時期臺灣府城築城才開始，當時除了順應所在地的地理條件，也同時讓政治、商業、常民生活的機能都含括在這個「城」之中。因此，在臺灣這塊土地上，就夾雜著西方國家所引進的防禦性城堡建築，以及中國城市規劃傳統的城郭空間，這是必須先釐清的觀念。

這類文化資產一方面代表著臺灣開始加入全球化，一方面也寓意著自傳統部落邁入政治集權的社會型態轉變，亦有部分反映了兩岸特殊的對峙關係，具有珍貴的歷史價值。為此，本章節以防禦工事與軍事遺產為主題，選擇了荷蘭時期建造的西式堡壘「熱蘭遮城」，以及中華民國時期建造的現代軍事據點「大漢據點」，兩處正好代表不同時空背景之下的多元演變。

防禦工事──西式堡壘

　　提到城堡，一般人很直覺就會想到是西方世界的建築物，而臺灣目前存留下來的城堡類型建築，大多是 17 世紀時殖民臺灣的西班牙及荷蘭人所興建。最初的目的都是為了防禦，並同時作為貿易的行政中心。

　　「城堡」一詞，依據《國語辭典》的說法，是指：「包含軍事和生活功能的建築，集合了要塞和宮殿兩種功能，並有許多不同的形式，但一般來說都建有城牆等防禦性工事。」依照這樣的定義來看，臺灣目前已知確定地點且可供參觀的城堡有下列 4 處：

城堡名稱	文化資產級別／正式公告名稱	建造年代
風櫃尾城	國定古蹟／馬公風櫃尾荷蘭城堡	1622
說明	位於澎湖風櫃尾蛇頭山。為荷蘭東印度公司所建。約使用 2 年左右，便因明朝軍隊攻打，而與明朝協商撤出澎湖，轉移至大員（今臺南安平），並拆除城堡，將材料運至大員建造熱蘭遮城。荷蘭人離開之後，歷代政府利用僅剩的土垣與濠溝興建海防砲臺。目前現場僅存殘跡和解說牌。	
安平古堡 （前身為熱蘭遮城）	國定古蹟／臺灣城殘蹟（安平古堡殘蹟）、熱蘭遮城城垣暨城內建築遺構	1624
說明	位於臺南市安平區。最初由荷蘭東印度公司建造，旁邊緊鄰熱蘭遮市鎮（今安平聚落）。從荷蘭時期到民國之後，幾乎不間斷地被當時統治者使用，現存的安平古堡主建築為日治時期和 1949 年之後所建，原始的熱蘭遮城僅存部分城牆，分布在安平古堡及周邊民宅間。2022 年，國定古蹟審議委員研擬將此兩處荷蘭時期遺構整併更名為「熱蘭遮堡」，引發國人關注。	
紅毛城 （前身為聖多明哥城）	國定古蹟／淡水紅毛城	1644
說明	位於新北市淡水區。最初是西班牙人在 1628 年所建造的聖多明哥城，1642 年遭荷蘭人攻打下毀城棄守。1643 年，荷蘭人成功占領臺灣北部，遂在原址建造安東尼堡（即紅毛城）。1867 年以後，英國政府租用紅毛城當成在臺灣的領事館，並將城堡逐漸修建成英國建築式樣，還在一旁建造英國領事官邸。一直到日治時期，此地都作為英國領事館使用。現在看到的紅毛城，係包含部分荷蘭時期城堡主結構與其後英國整修增建後的樣貌。	

赤崁樓 （前身為普羅民遮城）	國定古蹟／赤嵌樓	1653
說 明	位於臺南市中西區。最初是荷蘭東印度公司所建造的普羅民遮城，當時是全臺灣的商業與行政中心，與位於安平的熱蘭遮城相呼應。鄭氏時期曾將普羅民遮城改為儲藏火藥的場所，到了清領時期及日治時期，開始在赤崁樓中建設廟宇及學校等建築。經過多次修建，如今看到的赤崁樓，僅有部分是普羅民遮城原始殘跡，大部分是海神廟及文昌閣的混合體。	

馬公風櫃尾荷蘭城堡遺址。除荷蘭之外，大明帝國、東寧王國（鄭成功）、大清帝國、日本帝國和中華民國，皆曾在此建立軍事用地，極具歷史價值。照片中石塊為解說石碑。
（Source: 趙守彥）

紅毛城古蹟區，包含紅毛城主堡、前英國領事官邸（照片右側）以及清領時期所建造的南門。（Source: Sdfery/Wikipedia）

軍事遺產 —— 現代軍事據點

1949 年之後，兩岸隔海對峙，因應戰情修築了無數軍事據點，本章節重點聚焦介紹馬祖南竿島上的軍事遺產。

行政區域隸屬於連江縣，號稱擁有四鄉五島的馬祖列島，跟金門一樣都是早期對抗中國共產政權的前線地區，鼎盛時期甚至有 5 萬人駐守在馬祖列島上，島上遍布軍事據點，每個據點都有士兵駐守，搭配符合據點規模的武器，嚴密防守周邊水域。然而隨著國際局勢改變，駐軍逐漸縮減，目前

僅餘 2,000 多人駐守。

以馬祖南竿島為例，官方紀錄有 95 處軍事據點，皆用阿拉伯數字為名，從 01 據點開始，順時針方向編排到 95 據點。2010 年時，曾有學者實際調查研究後發現，部分據點已完全找不到入口，絕大多數的軍事據點呈閒置廢棄狀態，僅有少部分轉為觀光休閒用途——除了開放參觀之外，也有軍事據點轉型為民宿或書店。以下列表便整理南竿島上已開放參觀或轉型為其他用途的軍事據點：

據點名稱	據點別名	現況
01 據點	勝利堡	現為馬祖軍事化遺產概念館。
12 據點	—	現為刺鳥咖啡獨立書店。
26 據點	—	目前正進行馬祖轉譯活化再利用計畫第一期工程。
42 據點	北海坑道	現為觀光景點。
43 據點	大漢據點	現為觀光景點。
51 據點	鐵堡	現為觀光景點。
55 據點	—	曾為背包客的住宿空間，未來新的營運團隊重新規劃中。
86 據點	—	目前正進行馬祖轉譯活化再利用計畫第一期工程。

如何認識防禦工事
與軍事遺產？

　　每當進入防禦工事或軍事遺產時，可將參觀重點放在建築工事、官兵活動空間以及武器設施上，這些事物都隱含濃厚的歷史情境，並有其各自的空間特色，令人感到新奇。

　　為了軍事用途，通常建築體厚度、地理位置、防禦方向等，都經過精心設計，參觀時千萬不要遺漏。教學過程可以讓學習者嘗試測量牆壁的厚度，並跟現代生活中的牆壁厚度對比；接著帶領學習者實地踏查地理位置，了解其周邊環境。不過熱蘭遮城由於經過數百年的地表變遷與海平面變化，周邊環境已經不是最初建造時的樣貌，此時就需要搭配古地圖或舊照片，引導學習者體會地理環境的變遷差異。

　　這些空間也都會設置碉堡或槍砲陣地，若現況許可，可讓學習者實際在碉堡或槍砲陣地中多方觀察，感受防禦的視

野。可惜現在的安平古堡（熱蘭遮城）及赤崁樓（普羅民遮城），現場已看不到防禦性碉堡，只能從古籍文獻回顧——可透過古地圖，引導學習者在現場找出原始碉堡的位置，並判斷碉堡防禦的方向。

此外，透過堡壘或據點的建築空間還可以了解過去人們的生活狀況，例如：在紅毛城中，可以看到過去作為英國領事館時，有哪些人居住在此、他們一天的生活又是如何。而在馬祖那些受現代軍事作戰計畫影響的軍事據點，大部分會包含簡報室、中山室、官兵寢室等空間，便能從而窺見駐守士兵休息或進行休閒活動的情況。

關於軍事文化資產教育的實施方式，最常見的就是讓學習者探索城堡或據點，選定數個具特殊意涵的地點，對應到地圖中再進行任務學習。軍事城堡往往歷史悠久，充滿故事性，也可以規劃以角色扮演的方式，讓學習者扮演過去在其中生活的人，例如：城主、管家、警衛等角色，從而了解當時人們的生活方式以及歷史背景。而在現代的軍事據點中，則可以透過文學作品、實境體驗等媒介，讓人感受不同於平日生活的戰爭氛圍。

42 據點，又稱北海坑道，是深入山腹的地底水道，原本作為祕密運輸補給之用，現已成為觀光景點，可搭乘搖櫓船，體會當時人力開鑿岩壁的軍事氛圍。（Source: 楊傳峰）

　　除上述之外，防禦工事與軍事遺產類型的建築物也非常適合進行數學領域教學，例如：測量並計算防禦工事或軍事遺產的防禦範圍與角度、當時大砲的攻擊範圍，或是實際測量推算軍事設施的空間大小或牆壁厚度等，都可以跟學校課程單元內容連結。

以熱蘭遮城
作為教學現場

　　進入熱蘭遮城需要購買門票。
大部分為戶外場地，熱蘭遮城博物
館、瞭望塔及考古探坑等地點有室
內遮雨處，雨天時可供參觀者躲
雨。園區內僅販售點心類商品，但
周邊為安平老街，餐飲店家林立。

俯瞰安平古堡。（Source: jimmyC/PIXTA）

熱蘭遮城發展概述

· 荷蘭時期：

　　1624 年（明天啟四年），荷蘭東印度公司將貿易據點從澎湖轉移至大員，並在此興建城堡，作為統治及防禦據點。城堡最初命名為「奧倫治」（Orange），1627 年改以荷蘭省名「熱蘭」命名為「熱蘭遮」（Zeelandia）。而荷語 zee 指海，land 為陸地。因此熱蘭遮城也是「海陸之城」的意思，表示城堡位於海陸交會的沙嶼之上。

　　城堡於 1634 年（明崇禎七年）完工，是荷蘭人對臺灣的統治中心、對外的貿易據點，也是荷蘭長官及官兵生活起居的空間。城堡分為內城與外城，內城共 3 層，包含具有防禦功能的 4 座半圓堡、4 座稜堡，以及營房、衛兵室、彈藥庫、水井、儲藏室等設施。外城有 2 座稜堡，1 座半圓堡，包含長官公署、地下室、教堂等設施。初期的建城材料為土、竹子及木板，十分容易損壞，之後才以堅固的磚、石材作為建材，並佐以糯米汁、糖漿、砂、牡蠣殼粉和成灰泥修建完成。在建造城堡時，城外的熱蘭遮市鎮也在同一時間逐漸發展，是當時經商貿易的華人、荷蘭人的居住生活地，當時擔任荷

熱蘭遮城博物館中的熱蘭遮城模型。（Source: 江篠萱）

蘭東印度公司通譯的何斌就住在熱蘭遮市鎮中。（按：何斌又名何廷斌，明朝福建人，曾在臺灣擔任荷蘭通事，是鄭成功決定攻取臺灣的關鍵人物。）

· 鄭氏時期：

1661 年（明永曆十五年、清順治十八年），鄭成功因反清復明失利，在尋找撤退地點時看中了臺灣。隔年，鄭成功

巧妙利用漲潮，從鹿耳門登陸後打敗了荷蘭人，奪下臺灣的統治權。鄭成功入臺後，將熱蘭遮城改稱為臺灣城，爾後又以他的第二故鄉中國福建泉州府南安縣安平鎮為名，將周邊地區稱為安平鎮，後來的「安平古堡」名稱也是據此而來。鄭氏王朝3代皆以熱蘭遮城作為軍事據點，因此此城又有「王城」的名稱。

·清領時期：

　　臺灣納入清朝版圖之後，政治重心逐漸轉移至府城（今臺南市中心），熱蘭遮城不再作為行政中心及港口。1718年（康熙五十七年），在熱蘭遮城內修建臺灣水師協（清朝海軍單位）衙門，並設立軍裝局，儲存火砲彈藥，用來防衛當時的臺灣府安平海口。這時期的修建常破壞原有的城牆，取出磚頭作為他用，且外城濱海處的城牆倒塌，潮汐不斷侵蝕牆基，因而城堡多有毀損。1868 年（同治七年），清朝和英國因樟腦糾紛爆發樟腦戰爭，2 艘英國軍艦來臺砲轟安平，趁夜派兵登陸，並在城堡縱火，造成城堡內軍火庫爆炸，城堡毀損嚴重。1874 年（同治十三年）沈葆楨來臺，看到熱蘭遮城殘破的樣貌，因而轉往億載金城興建新砲臺，同樣取用了熱蘭遮城的建材，民眾也趁機

撿拾磚石搭建房屋。此時的熱蘭遮城因接連受到環境氣候、人為破壞、戰爭影響，外城已所剩無幾，內城也只剩斷垣殘壁，逐漸成為廢墟。

· **日治時期**：

　　到了 1897 年，日本政府剷平熱蘭遮城內城城牆，興建安平海關宿舍以及方形的階梯平臺，並在上面蓋起日式房屋、燈塔等建築。至此熱蘭遮城原始的主建築物完全消失，形成現在眾所熟悉的安平古堡樣貌。1930 年，臺灣總督府將海關宿舍改建為西式房屋，作為展覽及招待的俱樂部場所，

TIPS

樟腦戰爭爆發原因

1865 年，清朝開放安平港對外通商。當時英商洋行獨占臺灣樟腦外銷的生意，獲利豐碩。清廷官員不願肥水外流，宣布將樟腦收歸官辦，引起英商不滿，導致爆發「樟腦戰爭」。

同時在平臺上設立濱田彌兵衛事件的石碑。1935 年，總督府將熱蘭遮城殘存的城牆指定為國家級史蹟，此時期已開始有日本學者研究熱蘭遮城，嘗試找出荷蘭時期的原始城堡位置。當時臺灣總督府的技師栗山俊一，便曾根據尚存的舊城牆史料與殘跡，推測熱蘭遮城原始城牆的位置，並繪製了復原圖。

· 中華民國時期：

國民政府來臺後，將城堡改稱為安平古堡，作為觀光休閒用途。目前熱蘭遮城有 2 處荷蘭時期城牆被指定為國定古蹟，分別為：臺灣城殘蹟（安平古堡殘蹟）、熱蘭遮城城垣暨城內建築遺構。前者位於安平古堡園區內，經過研究認為是熱蘭遮城外城的一部分；後者共有 9 處城牆遺構，都在安平古堡周邊民宅之間，目前研究認為這 9 處城牆可能為原始熱蘭遮城的西城門、西北城門，以及其中一座稜堡的遺跡。

熱蘭遮城現場介紹

從荷蘭時期的圖畫可以發現，熱蘭遮城是建在沙丘上的

堡壘，地理位置三面臨海，並在連著內陸的一側建立熱蘭遮市鎮，先天地理環境易守難攻，作戰優勢絕佳。在貿易方面，此位置緊鄰國際貿易的船隻航線，兼具軍事防禦及商業貿易的優點。

時至今日，熱蘭遮城周邊已被一棟棟房屋取代，甚至從階梯式平臺的最高處向遠方眺望，都看不到海洋的蹤跡，表示從 17 世紀至今，地貌已有很大的改變。

1628 年，日本商船與在臺灣的荷屬東印度公司因貿易發生糾紛，船長濱田彌兵衛率眾挾持荷蘭人，引發武裝衝突，是為濱田彌兵衛事件。日本統治臺灣後，為紀念濱田彌兵衛向荷人抗稅的英勇事跡，於安平古堡階梯式平臺第二層刻石立碑。民國後將該碑改為今安平古堡碑，間接損壞了這個建立於日治時期用以紀念荷蘭時期事跡的歷史證物。（Source: 國家文化資料庫、葉秀玲）

雖然隨著時代更迭、地形變遷，此處已經不具備重要的戰略位置，但每年還是湧入不少參觀者，並在周邊發展出許多具有當地特色的美食與景色，讓參觀者流連忘返。不論是色香味俱全的牛肉湯，還是金黃酥脆的蝦捲，或是甜蜜滑順的安平豆花，都讓人對熱蘭遮城增添更豐富的感受。

・熱蘭遮城博物館：

　　位於安平古堡園區內的熱蘭遮城博物館，前身是建造於1882 年（光緒八年）的安平稅務司公館，日治時期則作為海關長官的稅關俱樂部。1930 年舉辦的「臺灣文化三百年紀念會」就是以此為展覽會場。民國之後，曾成為安平區公所，區公所遷離後，商界人士邱永漢將收藏的臺灣民藝品捐贈給臺南市政府，因而成立「臺南市立永漢民藝館」，直至 2006年結束熱蘭遮城的考古發掘計畫後，才改為熱蘭遮城博物館。目前館內展示分為 4 個主題，分別為：「情境重現」、「固若金湯」、「官署故事」、「片鱗半爪」，呈現荷蘭東印度公司在熱蘭遮城的故事，以及安平地區的歷史。

・考古探坑：

　　安平古堡園區內有多處考古探坑，這些探坑是 2003 年

安平古堡園區的考古探坑挖掘出荷蘭時期的熱蘭遮城城牆結構。（Source: 江篠萱）

起，由國立成功大學團隊進行「王城試掘計畫」所留下。當時嘗試以透地雷達輔助探測地底下熱蘭遮城的可能遺構位置，再加上考古發掘，補足過去荷蘭時期文獻資料以外的實體證據。考古發掘計畫成果豐碩，不僅發掘到 17 世紀來自世界各國的陶瓷碎片，間接佐證了當時臺灣是東亞貿易交流據點，同時在 5 號考古試掘探坑中，還挖掘出荷蘭時期的熱蘭遮城城牆結構，這段城牆經過 3D 電腦模擬後，推測極可能是最初熱蘭遮城內城的西北牆結構遺跡。

・階梯式平臺：

此平臺是目前安平古堡園區內的主要建築體之一，大致分為 3 層：第一層為平面層，第二層平臺有安平古堡石碑、鄭成功銅像、砲臺等；第三層有瞭望臺及一棟西式建築，目前作為販賣周邊商品的商店和文物陳列館使用，清代軍裝局的石碑也在第三層。

・安平古堡石碑：

此石碑位在階梯式平臺第二層，原本是日治時期設立的「贈從五位濱田彌兵衛武勇之趾」石碑，1947 年左右由當時的臺南市長卓高煊改為「安平古堡」4 個大字。

・軍裝局石碑：

此石碑位在階梯式平臺第三層，應屬於清領時期軍裝局的門額。建造年代不詳，石碑上署名「協鎮楊鉎南」，楊鉎南於 1869 年（同治八年）擔任臺灣水師協副將，因此判斷這塊門額的建造時間應該在此時期。

・古城牆遺跡：

目前安平古堡園區中有 2 處熱蘭遮城城牆遺跡，一處

階梯式平臺第三層的清代軍裝局石碑。（Source: 江篠萱）

是外城的南側城牆（臺灣城殘蹟），另一處是內城的半圓堡城牆遺跡，其餘城牆遺跡皆在安平古堡周邊公園或民宅處。但是僅僅靠著這些已知的城牆遺跡，並不足以拼湊出熱蘭遮城的真實範圍和城牆位置，因此許多研究者紛紛提出推論。

今日安平古堡中同時存在3種關於熱蘭遮城城牆的證據：一個是現代考古發掘的證據，一個是來自於日人栗山俊一的

城牆位置復原圖（後來被表現在地面紅磚上），另一個則是原始留存的熱蘭遮城城牆遺跡。但 3 種證據竟產生了矛盾：考古發掘的城牆結構，與地面紅磚的位置不相符，甚至呈現交叉的狀態；而現存的城牆遺跡，又分別跟考古證據和地面紅磚位置相符。看來這個「城牆之謎」還需要更多證據才能解開了。參觀安平古堡時，不妨仔細觀察現存城牆遺跡或是到四周公園或民宅找找更多城牆吧！

學習單雲端資料夾

第二間教室：防禦工事
適用年級：國小高年級
課程時間：兩小時
〈熱蘭遮城的前世今生〉（附解鎖故事卡）學習單空白版與參考解答版

上｜安平古堡園區中的熱蘭遮城城牆殘蹟（臺灣城殘蹟）。（Source: 江篠萱）

下｜在安平古堡的地面上，用鮮明的地磚排列並標示栗山俊一提出的城牆位置。
（Source: 江篠萱）

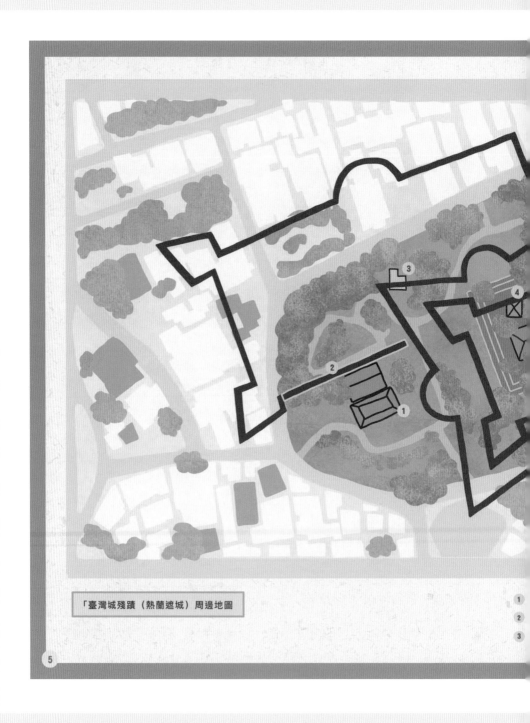

「臺灣城殘蹟（熱蘭遮城）周邊地圖

④ 瞭望臺　　　■ 栗山俊一臆測的熱蘭遮城城牆

⑤ 文物陳列館

圖中底圖為目前安平古堡的區域，而棕色線為栗山俊一所推論的熱蘭遮城城牆位置。

如何將熱蘭遮城
轉化成教學內容？

　　熱蘭遮城主要範圍在現今安平古堡園區中，部分城牆卻在周邊公園及民宅處。除了城牆外，蒐集其他教學素材所需克服的問題也不少。例如：階梯式平臺的安平古堡石碑，乍看沒有特別之處，但其實是日治時期留下的石碑改造而成；軍裝局石碑及多座大砲的來源也撲朔迷離，軍裝局原址已不可考，而大砲雖是清朝之物，卻是日治時期搬運過來。現場並沒有詳細說明這些細節，需得先行翻閱文獻後才能得知，也因此讓尋找教學素材的過程比起其他教學現場，多了許多閱讀文獻的工作。

　　接著將教學素材與學習單元連結。安平古堡中的教學素

材橫跨臺灣各歷史時期，從荷西時期開始一直到現代，不同的統治者將安平古堡作為不同的功能使用。因此社會領域中的荷西時期、鄭氏時期、清領時期、日治時期以及國民政府時期的學習單元，都可以跟此處的教學素材產生連結。而在熱蘭遮城博物館中所展示的荷蘭東印度公司之貿易路線及商品，詳細說明從臺灣到世界各地貿易據點的航行路線，則可與社會領域的經緯度單元結合，貿易內容也可以搭配數學領域，形成以貿易為主題的課程。

在階梯式平臺的最高層，可以眺望周邊的民宅，但熱蘭遮城最初是建造在海岸沙洲之處，船隻可停靠在城堡邊，經

適合作為教學內容的素材
階梯式平臺：安平古堡石碑、軍裝局石碑、城牆推測線、眺望遠方出海口。 熱蘭遮城博物館：文物及展示說明。 考古探坑：城牆位置。 城牆殘跡：臺灣城殘蹟、半圓堡殘跡、城牆建材及建築形式。 周邊環境：安平古堡外的城牆推測線、城牆殘跡、古堡的觀光休閒功能。

過幾百年的自然堆積，周邊的地理環境產生重大變化，這樣的觀察內容可與自然領域的地理變化單元結合。

現今安平古堡參觀遊客絡繹不絕，每到假日便吸引民眾前來參觀，周邊也發展出許多商家，於是本書將安平古堡現代的觀光休閒功能，轉化成參觀人數及門票的關係，與數學領域的估算單元結合，讓學習者實際計算出一天的參觀者及門票收入。

熱蘭遮城的城牆，在安平古堡園區中有 3 種不同的表現形式，包含現存原始城牆遺跡、地面紅磚的城牆推測線以及考古發掘的城牆結構。城牆這項素材非常重要，不僅時間軸貫穿荷蘭時期到現代，也是目前熱蘭遮城相關研究中重要的一環。其中城牆的建築材料及建築方式，更可與自然領域中的化學、物理力學等科目搭配，然而前面幾項素材連結皆以國小階段的課程為主，因此課程中將 3 種不同的城牆證據，延伸為數學領域的平行與垂直單元，引導學習者發現城牆證據間的矛盾。

另外，熱蘭遮城豐富的歷史以及現場資源，非常適合與

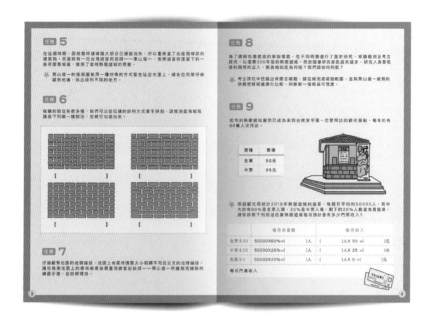

任務 5

在這個時期，因荷蘭所建城牆大部分已損毀消失，所以重新蓋了此些階梯狀的建築物，而當時有一位台灣總督府技師——萊山俊一，他根據當時遺留下的一些珍開舊城磚，推測了當時熱蘭遮城的原貌。

萊山俊一的推測圖採用一種特殊的方式留在這座古堡上，請各位同學仔細觀察地磚，找出排列不同的地方。

任務 6

城磚的砌法有很多種，我們可以從紅磚的排列方式著手辨別，請推測臺灣城殘蹟是下列哪一種砌法，並將它勾選出來。

［　　　］　　　［　　　］

［　　　］　　　［　　　］

任務 7

仔細觀察地圖的地磚繪跡，地圖上有兩條傳遞面大小明顯不同且交叉的地磚繪跡，請你推測地圖上的哪條線是按著臺灣總督府技師——萊山俊一所繪測的繪圖步驟，並說明理由。

任務 8

為了瞭解熱蘭遮城的原始樣貌，在不同時期進行了歷史研究、城體繪測及考古探究，以遺產300年前的熱蘭遮城。然而隨著研究資訊越來越多，研究人員發現資料間有所出入，那具相到底為何呢？我們該如何判斷？

考古探究中挖掘出砲座古城牆，請組員完成成描範圍，並與萊山俊一繪的熱蘭遮城進行比較，判斷哪一個較具可信度。

任務 9

如今的熱蘭遮城儼然已成為來到台南安平第一定要拜訪的觀光景點，每年約有的60萬人次拜訪。

票種	票價
全票	50元
半票	25元

根據觀光局統計2018年熱蘭遮城的遊客，每個月平均為50000人，其中大約有60%是全票購買，20%是半票入場，剩下的20%人數是免費進場，請你依照下列計算熱蘭遮城每月預計會有多少門票收入？

	每月來客數		每月收入
全票 $50	50000X60%=( )人	( )人X 50 =( )元
半票 $25	50000X20%=( )人	( )人X 25 =( )元
免費 $0	50000X20%=( )人	( )人X 0 =( )元

每月門票收入

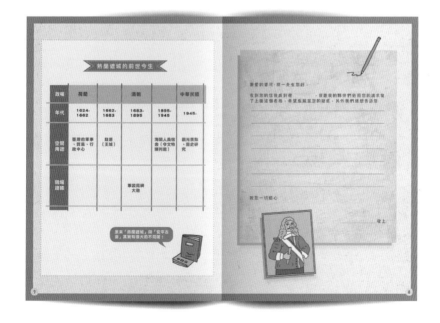

熱蘭遮城的前世今生

政權	荷蘭	清朝		中華民國
年代	1624-1662	1662-1683	1683-1895	1895-1945	1945-
空間用途	臺灣的軍事、設施、行政中心	駐蹕（王城）		海關人員宿舍（今文物陳列館）	觀光景點、歷史研究
現編遺蹟		軍裝局碑大碣			

原來「熱蘭遮城」與「安平古堡」其實有很大的不同呢！

親愛的鄉司、校一余生您好：

有同您們的信我感到很開心，……您接收我解釋您收到您的請求及看了上面這個表格，希望能解答您的疑惑，另外我們相信您想告訴您

祝您一切順心

敬上

語文領域的寫作單元配合，讓學習者透過文字記錄在現場的所見所聞並表達想法。

　　前面提到了許多教學素材，其中熱蘭遮城博物館卻最早被排除，主要是因為館中有部分文物與熱蘭遮城無關，與其他素材較難連接成彼此呼應的課程。至於教學場域方面，則限定在安平古堡內，因此也排除古堡的周邊環境、周邊民宅的城牆。不過即使已經排除了部分素材，依然留下非常多內涵豐富的教學素材，教學者可自行嘗試將這些素材發展成主題式課程。

熱蘭遮城現地勘查紀錄表		
課程進行地點	現地勘查發現之素材	建議學習單元
安平古堡	·荷蘭時期城牆遺跡 ·展示館中的文物及展版說明 ·熱蘭遮城地理位置（瞭望平臺） ·熱蘭遮城周邊環境 ·熱蘭遮城現況 ·考古探坑	·數學：平行與垂直 ·社會：荷西時期、鄭氏時期、清領時期、日治時期、國民政府時期、經緯度 ·國語：短文寫作 ·自然：方位、自然堆積及侵蝕、地理變化

熱蘭遮城課程構思
與發展過程

　　教學設計若過度鎖定單一議題，例如：只設計城牆建築相關課程，容易面臨資料不足的問題，而且城牆建築對應的是荷蘭時期的熱蘭遮城，與清代軍裝局、日治海關宿舍等設施較不相關。當時參與設計教材的教學者，皆認為這份課程教案應讓學習者了解熱蘭遮城經過時代演進，其用途也不斷變化，而不應該將課程主題只聚焦在荷蘭時期，以免有忽略其他時期之虞。因此最後課程便以歷史時間為軸，並將學習者年齡層設定在國小高年級，然後分頭蒐集各時期熱蘭遮城的相關史料，發展成這份教材。下列是熱蘭遮城教材與各歷史時期的關係：

1. 荷蘭時期——城牆殘跡、城牆建築形式。

2. 鄭氏時期——安平古堡石碑（安平地名）、鄭成功銅像。

3. 清領時期——軍裝局石碑。

4. 日治時期——安平古堡石碑、海關宿舍、城牆臆測線。

5. 中華民國時期——安平古堡周邊現況、城牆推測線、考古探坑。

　　既然每個時期皆有具代表性的教學素材，因此決定以任務闖關的方式，將每個教學素材設計成獨特的任務，讓學習者在安平古堡中蒐集資料以完成特定任務，親眼見證熱蘭遮城的時代更迭。特別一提的是，在熱蘭遮城現地教學中，城牆教材所能探究的內容最為豐富，學習者要討論的議題包含：安平古堡中哪些牆壁才是荷蘭時期就存在的城牆？日治時期的總督府技師栗山俊一所推測的城牆位置都是正確的嗎？透過考古發掘出來的城牆結構，又該如何與先前的資料互相驗證？

　　學習者還需要在現場實際走過一次紅磚鋪成的城牆推測線，討論為何要特別鋪上紅磚；甚至運用繩索，從考古探坑的城牆結構延伸出來，與紅磚標示的城牆位置進行比較。

學習者透過觀察園區內的城牆，找出屬於荷式砌法的牆面，以此證明該牆面較有可能是荷蘭時期熱蘭遮城的城牆。（Source: 江篠萱）

總之，課程名稱訂為「熱蘭遮城的前世今生」，分為3個階段：第一階段為引起動機，以末代荷蘭長官揆一的子孫曾經來臺的事件作為背景，在課程中了解現在的安平古堡與最初的熱蘭遮城有何不同、又經過了哪些改變。第二階段就是主要的調查任務，從階梯式平臺的最上層（第三層）開始，引導學習者一一探索及調查現場證據，每調查完一個證據便能獲得一張解鎖故事卡。學習者需分組以平板和學習單進行調查，共需收集9張解鎖故事卡。完成所有任務後，以解鎖故事卡上的資訊來完成學習單中的表格。最後再依表格內容回信給揆一後代子孫，此封信目的在了解學習者對課程內容的了解，即為課程的成果評量。

上｜學習者使用平板記錄發現的時代證據。（Source: 江篠萱）
下｜學習者以舊照片比對現場環境，並說明過去與現代的不同之處。（Source: 江篠萱）

上｜從階梯式平臺往下觀察紅磚標示的位置，說明城牆可能的所在。（Source: 江篠萱）
下｜依據解鎖故事卡，學習者便能順利填寫「熱蘭遮城的前世今生」的表格。（Source: 江篠萱）

番外篇：課後聊一聊

　　設計熱蘭遮城的課程教案，是本書 7 個教學現場中最困難的，原因在於熱蘭遮城相關資料雖多，但現場能夠看到的實體教學素材不多。若是帶著文獻資料（即使是整理過的內容），在安平古堡現場「講述」，沒有與現場素材結合，對學習者來說可能跟在教室上課差異不大，缺乏現地教學的趣味。因此格外花費許多時間，將各個教學素材串連在一起，方形成「熱蘭遮城的前世今生」課程。

※ 來看看參與試教的老師與學生怎麼說：

教師	・這次的課程讓學生知道許多以前參觀安平古堡時不知道的事，像是地面紅磚原來代表著城牆可能的位置，還有考古探坑中原來有這麼多內容，都讓人印象深刻。之前來安平古堡時從來沒有以這樣角度參觀過，非常有趣。 ・學生的參與度很高，平常在教室讓他們寫這麼多字都會抱怨，今天卻很願意書寫，而且也發現學生的觀察力很好，在戶外上課時，可以跟著學習單的內容以及試教老師的指示，一步步完成任務，一點都不像一般戶外教學時容易有分心的情況發生。
學生	・原來安平古堡地板上的紅磚代表以前的城牆位置，之前來的時候從來沒有注意到這件事，覺得很有趣。之前也沒有注意到還有考古探坑，經過這次課程終於對安平古堡更加了解。 ・剛拿到學習單的時候，覺得這次可能又要一直走路、一直寫字，一定很無聊。後來發現課程內容都是之前來安平古堡的時候沒聽過的，就覺得非常有趣。

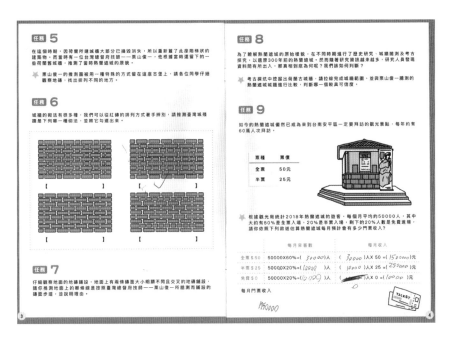

任務 5

在這個時期，因荷蘭所建城牆大部分已被毀消失，所以重新蓋了此原筒棒狀的建築物。而當時有一位台灣總督府技師——栗山俊一，他根據當時遺留下的一些荷蘭舊城牆，推測了當時熱蘭遮城的原狀。

☆ 栗山俊一的推測圖被用一種特殊的方式留在這座古堡上，請各位同學仔細觀察地磚，找出排列不同的地方。

任務 6

城牆的砌法有很多種，我們可以從紅磚的排列方式著手辨別，請推測臺灣城牆遺是下列哪一種砌法，並把它圈出來。

【　　　】	【✓】
【　　　】	【　　　】

任務 7

仔細觀察地面的地磚鋪設，地面上有兩條磚面大小明顯不同且交叉的地磚鋪設，請你推測地面上的哪條線是按照臺灣總督府技師——栗山俊一所推測用鋪設的磚面步驟，並說明理由。

任務 8

為了瞭解熱蘭遮城的原始樣貌，在不同時期進行了歷史研究、城牆偵測及考古探究，以還原300年前的熱蘭遮城。然而隨著研究資訊越來越多，研究人員發現資料間有所出入，那真相到底為何呢？我們該如何判斷？

☆ 考古探坑中挖掘出荷蘭古城牆，請拉線完成城牆圖，並與栗山俊一繪的熱蘭遮城城牆進行比較，判斷哪一個較具可信度。

任務 9

如今的熱蘭遮城儼然已成為來到台南安平區一定要拜訪的觀光景點，每年約有60萬人次到訪。

票種	票價
全票	50元
半票	25元

☆ 根據觀光局統計2018年熱蘭遮城的遊客，每個月平均約50000人，其中大約有60%是全票入場，20%是半票入場，剩下的20%人數是免費進場，請你依照下列敘述估算熱蘭遮城每月預計會有多少門票收入？

	每月來客數	每月收入
全票 $50	50000X60%=(30000)人	(30000)人X 50 =(1500000)元
半票 $25	50000X20%=(10000)人	(10000)人X 25 =(250000)元
免票 $0	50000X20%=(10000)人	(10000)人X 0 =(0)元

每月門票收入 1750000

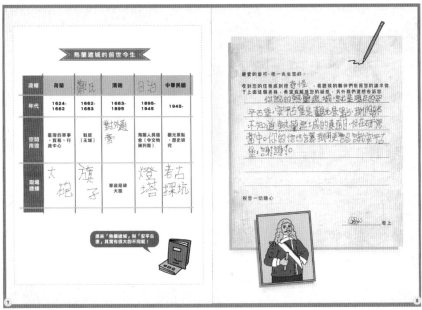

熱蘭遮城的前世今生

政權	荷蘭	鄭氏	清朝	日治	中華民國
年代	1624-1662	1662-1683	1683-1895	1895-1945	1945-
空間用途	臺灣的軍事、貿易、行政中心	駐屋（王城）	對煙砲臺	海關人員宿舍（今文物陳列館）	觀光景點、歷史研究
現場遺蹟	大砲	旗子	軍裝尾磚大砲	燈塔	考古探坑

原來「熱蘭遮城」與「安平古堡」其實有很大的不同呢！

敬愛的愛可一先生您好：

收到您的信後感到很奇怪，我遇到我的鄰居們依照您的請求做了上面這個調查表，希望能解答您的疑惑，另外我們想告訴您：

你認為的熱蘭遮城，其實是現在的平古堡，安平古堡是觀光景點出，我們雖然不知道熱蘭遮城的真相，但在研究當中，你的信也讓我們更認識安平古堡，謝謝你。

祝您一切順心

　　　　　　　　　　　　　　　敬上

以大漢據點
作為教學現場

　　大漢據點共有 3 層，目前僅最下層及最上層可供參觀。最下層全為室內空間，並可從戶外樓梯走到最上層。據點內無休息空間、飲食設施，若需休息或飲水，可前往 100 公尺外的南竿遊客中心，用餐則須前往鄰近的仁愛村，約距離 500 公尺。

大漢
Dahan
大漢拠点

大漢掟
層設有

The to
origina
headq
living a
emplac

大漢拠点
には生活

따한 거
생활구역

機槍堡
Machine gun bunker
機關銃堡
기관총 벙커

大漢掟
Dahan Stro
大漢拠点一

大漢據點最
簡報室、中

The bottom
four 90mm a
briefing room

機槍堡
Machine gun bunker
機関銃堡
기관총 벙커

機槍堡
Machine gun bunker
機関銃堡
기관총 벙커

休息室
Dayroom
休息室
휴게실

、三層坑道配置
yout, levels 2 and 3
／따한 거점 제2층, 3층 갱도 배치

原為軍方連部，第2
    備機槍陣地

an Stronghold was
    company
second level was a
nate machine gun

    ，軍方連部で、第2層
        陣地がありました。
중대본부이고, 제2층은
    지이다.

機槍堡
Machine gun bunker
機関銃堡
기관총 벙커

通風口
Air vents
通風口
통풍구

機槍堡
Machine gun bunker
機関銃堡
기관총 벙커

三砲
Gun No. 3
三砲
3포

儲藏室
Storeroom
貯蔵室
저장실

備用砲管
Spare cannon barrels
予備砲管
예비 포관

二砲
Gun No. 2
二砲
2포

機槍堡
Machine gun bunker
機関銃堡
기관총 벙커

一砲
Gun No. 1
一砲
1포

儲藏室
Storeroom
貯蔵室
저장실

庫房
Restricted
storeroom
倉庫
창고

rvoir

備用砲管
Spare cannon barrels
予備砲管
예비 포관

庫房
Restricted
storeroom
倉庫
창고

守機室
Ready room
守機室
보안실

中山室
Assembly hall
中山室
중산실

簡報室
Briefing room
ブリーフィング室
삼황실

、備坑道配置
level 1
따한 거점 1층 갱도 배치

機槍堡
Machine gun bunker
機関銃堡
기관총 벙커

大漢據點入口
Dahan Stronghold
entrance
大漢拠点入口
따한 거점 입구

崗哨亭入口
Sentry post entrance
崗哨亭入口
초소입구

個90高砲陣地、
、儲藏室等設施

n Stronghold had
n emplacements,
all, and storerooms.

大漢拠点の最下層には4基の90高射砲陣地、ブリーフィング室、中山室、倉庫、貯蔵室等施設がありました。

따한 거점의 최하층에는 4대의 90미리 바주카포, 상황실, 중산실, 창고, 저장실 등의 시설이 구축되어 있다.

（Source: 馬祖國家風景區管理處）

馬祖列島發展概述

· 漁業發展時期：

　　大漢據點位於連江縣南竿鄉。連江縣由島嶼組成，分布範圍廣大，又稱馬祖列島，包含南竿、北竿、東莒、西莒、東引等大大小小的島嶼。早在宋朝年間，馬祖列島即為沿海漁民在海上捕魚時的停泊避風地點，之後逐漸有人聚居。到了明朝，在南竿及北竿島上已形成數個聚落，推測有數百到數千人居住在此。然而明清之際，海盜猖獗，沿海島嶼往往也是海盜的藏身之處，傳說知名的大海盜蔡牽就曾以馬祖列島為據點。也因此朝廷多次頒布海禁政策，對馬祖列島的發展帶來影響。清朝時，馬祖列島已呈現「一村一澳口」的聚落型態，到清朝末年更因為開港通商，成為西方列強船艦航線的一站。

· 戰地政務時期：

　　1949 年，國民政府在國共內戰失利，戰線轉往金門、馬祖，軍隊大舉駐防，馬祖列島自此便成為國共戰爭的前線。馬祖的軍事工程可以 1958 年發生的八二三砲戰為分水嶺，在砲戰之前，軍事工程較為簡陋，多以木材或就地取材建造

為求隱蔽而易守難攻，軍事據點往往設置在懸崖、山洞或海岸岬角，照片中的大漢據點便是如此，今則以軍事文化資產的特色，搖身一變成為觀光景點。（Source：楊傳峰）

遮蔽物及野戰壕溝；砲戰之後，開始有計畫建造軍事陣地。馬祖列島的地形構造多為整座石頭山，因此據點或碉堡按照地形建在懸崖、山洞或海岸岬角，並以混凝土為建材。以南竿島來說，登記在案的軍事據點共有 95 處，皆以數字編號，據點間以地下坑道連接，以免暴露位置，整座島易守難攻，儼然是一座海上軍事堡壘。

1956 年，馬祖地區施行「戰地政務實驗」，對島上居民的生活產生諸多限制及規定，例如：宵禁、不得穿著奇裝異服、不得使用高耗電用品及可能與敵方產生聯繫之電器，平常也需熟記各種口令等等，都是當時馬祖居民的日常。除了建築軍事工程之外，駐軍也協助地方興建碼頭、水庫等公共建設，而極盛時期高達 5 萬人的駐軍，使得聚落中逐漸出現慰勞軍人的娛樂場所，如茶室、電影院、文康中心、冰果室、撞球間等，這些由於駐軍帶來的消費活動，改變了馬祖居民的經濟生活及產業結構。

· **觀光發展時期**：

隨著國共情勢趨緩，軍事防禦需求減少，1992 年起馬祖地區解除戰地政務，駐軍人數逐年降低，原先因駐軍帶來

的消費活動銳減，於是開始朝向觀光發展。截至 2010 年統計，原先南竿島上的 95 處軍事據點中，除少數功能完善的據點仍維持有官兵駐守，已有超過 2/3 的據點淪為閒置廢棄狀態，少部分則由馬祖國家風景區管理處重新整修開放為觀光景點。現在的馬祖地區正以獨特的軍事文化資產與自然地景等吸引遊客。

大漢據點現場介紹

・**建造始末**：

　　大漢據點的正式名稱為「43 據點」，完工於 1976 年。建造時除了使用炸藥進行爆破，大部分皆由陸軍部隊依靠人力挖掘而成，據點內的牆壁為自然裸露的岩石，仔細觀察還可看到過去挖掘時埋放管狀炸藥的孔洞。馬祖地區駐軍減少後，大漢據點於 2005 年交由馬祖國家風景區管理處整修，隔年整修完成後開放參觀。據點內的每一處砲口均面向海洋，充滿肅殺氣息。然而自 2019 年起，據點內原有的砲臺皆被移出，現場僅能看到陣地空間以及牆上若干作戰資訊與紀錄照片。

- **周邊環境**：

　　大漢據點位於南竿島南方仁愛村海岸一處凸出的岬角中，旁邊即為北海坑道，並與鄰近據點一同控制莒光方向的水道，戰略地位重要。據點緊鄰海岸而建，因此周邊設有大量防禦措施，如瓊麻及玻璃刀山，皆是為了防止敵方兩棲偵查兵趁夜晚時潛入。

> 兩棲偵查兵：又稱為水鬼、蛙人。在馬祖地區戰地政務時期，時常有敵方蛙人趁著黑夜潛入據點「摸哨」，也就是暗殺。直到現在，蛙人摸哨或水鬼摸哨的故事依然在馬祖地區流傳。

- **規模大小**：

　　軍事據點依其規模由大到小可分為連據點、排據點、班據點及潛伏哨，一個班據點約為 9 人空間，排據點的人數約為班據點的 3 倍，連據點的人數則為排據點的 3 倍，從設置地點、配備武器等都可以判斷據點的規模。馬祖列島的海岸地形常見內凹、澳口和凸岬，通常設在凸岬地形的據點規模較大。因為 90 高砲或 57 戰防砲都需要較大的發射空間，設有這兩種武器的據點規模也較大。大漢據點

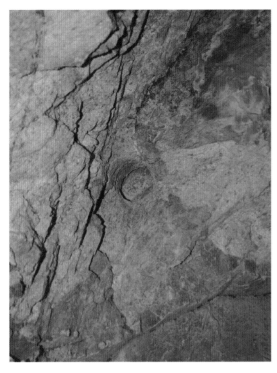

大漢據點建造時先用炸藥進行爆破，再以人力挖掘，目前在走道的牆壁上還可以看到當年爆破的痕跡。（Source: 江篠萱）

位處凸岬處，並使用 90 高砲為主要武器，故可判斷為連據點或排據點。

· **空間設施：**

　　大漢據點共有上、中、下 3 層，最上層是軍方連部，中層為駐守官兵的生活空間以及預備機槍陣地，下層則設有 4 處 90 高砲陣地、簡報室、中山室、庫房、儲藏室等空間，

是南竿島所有據點中設置最多火砲的據點。據點中的坑道皆可見裸露紋理的岩石，寬約 1.5 公尺，高約 2 公尺，主坑道長 150 公尺，支坑道長 80 公尺。大漢據點雖已開放觀光，但僅能參觀下層坑道，中層坑道尚無法進入，上層坑道則未特別規劃，雖屬開放但為閒置狀態，且無法深入內部參觀。以下便詳細介紹下層坑道的內部空間設施：

＊ 90 高砲砲口空間：

大漢據點有 4 座 90 高砲，因此有 4 個砲口空間。這些砲口空間都呈現圓形堡壘型，牆面厚度很厚，且靠近外側的牆面及天花板都設計了消音設施，作為砲彈發射時消音之用。4 個砲口空間的牆壁上都記錄著當時的戰備資訊，例如：90 高砲的射程、射高、射速等等，還有從該砲口到鄰近島礁的射程距離，以及船艦的剪影圖，方便識別海上船艦，甚至有「看不到不打、瞄不到不打」等戰爭標語。

＊簡報室、中山室：

這類空間可歸納為政戰點，排據點以上才有此類空間配置，作為軍官討論戰情、集合發布命令、辦公空間以及休閒娛樂之用。目前作為展覽空間，展示了舊照片以及大漢據點

上｜瓊麻的葉片較長，且上面長滿銳利尖刺，具有天然的防禦功能。（Source: 江篠萱）
下｜在大漢據點外圍無法種植瓊麻的岩壁上，則用水泥將碎玻璃密集黏在岩壁上，形成
玻璃刀山，充分讓人感受到前線的戰地氛圍。（Source: 江篠萱）

模型。另有一間守機室門口上鎖，無法進入。

＊其餘閒置空間：

此類型空間包含多處庫房、彈藥庫、儲藏室等空間，過去用以儲存彈藥及軍用品。這些空間雖然在大漢據點之中，但內部無裝設照明設備，僅能從標誌及地圖判別辨識。

進入大漢據點，尤其進到砲口空間之後，雖然現場已沒有龐大的 90 高砲，但看到牆壁上的作戰資訊、防範入侵的帶刺鐵絲網，搭配面海的開口，依然非常震撼人心。
（Source: 江篠萱）

大漢據點砲口陣地的消音設施。（Source: 江篠萱）

被移除的 90 高砲

教案製作團隊第一次現勘大漢據點時，還可以在砲口空間看到 90
高砲，雖然已鏽蝕嚴重，但仍能感受過去 90 高砲防禦周邊水域的
功能。時隔半年，第二次現勘卻發現 90 高砲已被移除，據稱是擔
心武器鏽蝕使遊客受傷，故基於安全理由將它移除，雖然心裡覺得
有些可惜，但也知道是觀光化的不得不然。所附照片為同一地點拍
攝，可以明顯看出 90 高砲移除前後的差異。

原本大漢據點砲口陣地設有 90 高砲。攝於 2018 年。（Source: 榮芳杰）

上｜長年缺乏保養兼飽受海風吹襲，90高砲鏽蝕嚴重，不得不自陣地移走。
（Source: 榮芳杰）
下｜2019年後已看不到90高砲，但砲口陣地變得寬闊，適合當作集合空間。
（Source: 江篠萱）

如何將大漢據點
轉化成教學內容？

　　大漢據點係軍事防禦的坑道設施，利用地理與地質條件沿著海岸線布設砲擊射口，並且現場仍然保有軍事標語，非常適合學習者從地圖學的角度，學習判斷敵軍與我軍對峙時的方位，並練習計算射擊距離。據點坑道牆壁裸露的天然岩石紋理，也可與自然領域的認識岩石單元連結。

　　在砲口空間中，牆面文字內容非常豐富，適合跟數學單元連結。而敵艦識別圖樣以剪影形式呈現，讓人立刻聯想到數學的對稱圖形單元，從船艦底部假想一條直線就是天然的對稱軸，可以據此畫出對稱圖形。

　　牆壁上關於 90 高砲的射擊資訊，以及砲口到附近島礁

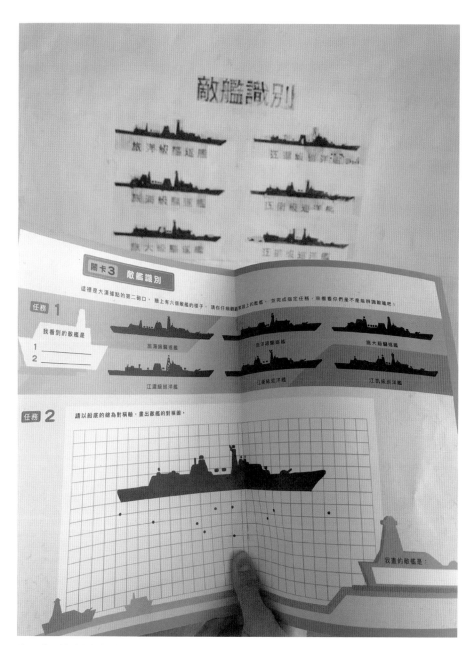

學習者以船艦底部的線為對稱軸，畫出敵艦剪影，並加以識別。（Source: 葉秀玲）

的距離資訊，都使用「碼」為長度單位，可與數學的單位換算單元進行連結，讓學習者將單位換成常用的公尺或公分單位，且在換算過程也會運用到小數乘法的概念。除了牆壁上的資訊外，每個砲口空間都是圓形堡壘，地板是接近圓形的扇形，可與數學的圓面積、圓周長單元連結。除了硬體設施之外，從射擊出口看出去的方向也是教學素材，搭配牆壁上寫的方向資訊，可與自然領域的認識方位單元連結。

大漢據點的走道牆壁可看到裸露的岩石，且因封閉不虞走失，教學過程可安排闖關活動，讓學習者自行探索。（Source: 葉秀玲）

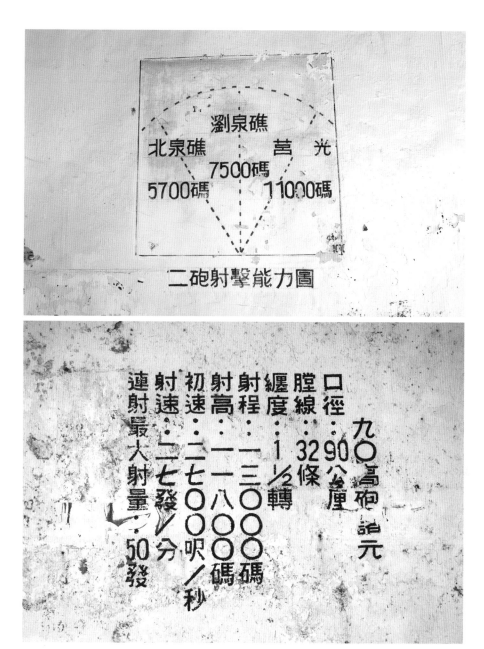

大漢據點砲口陣地牆面的數字資訊，可與數學領域結合來教學。（Source: 江篠萱）

跟砲口空間相比，中山室與簡報室的空間較為單純，在過去可能是軍隊最常使用的地方，這次現地教學也不能忽略它。由於前述的教學素材多半與數學較相關，為了讓學習者對據點的軍事氛圍有更深的感受，便從歷屆馬祖文學獎的得獎作品中，找到與軍事相關的〈西線無戰事〉一文，讓學習者在中山室與簡報室中閱讀文章，藉此不但可與語文領域的閱讀理解單元連結，也能更深刻感受軍事氛圍。

〈西線無戰事〉以第一人稱描述主角在馬祖當兵時遇到的事情，原本篇幅較長，為節省教學時間，因此將這篇散文縮減並改寫，而學習者讀完後就需進行閱讀測驗，展現對文章的理解程度。

大漢據點現地勘查紀錄表		
課程進行地點	現地勘查發現之素材	建議學習單元
大漢據點	· 牆上敵艦識別圖樣 · 牆上 90 高砲資訊 · 牆上射擊距離 · 據點平面圖 · 中山室與簡報室空間 · 砲口空間 · 據點內部空間	· 數學：測量、單位換算、對稱圖形、圓面積、圓周長 · 國語：閱讀理解 · 自然：認識岩石、方位

大漢據點課程構思
與發展過程

　　從上面敘述會發現，在大漢據點中光是砲口空間就可開發出非常多教學素材，然而 4 處砲口空間的素材頗為類似，不需重複操作，若是讓學習者長時間集中在同一個砲口空間進行課程，反而無暇探索整個據點，殊為可惜。於是利用據點封閉的特性，較無安全顧慮，就將課程設計為自行闖關活動，讓學習者分組在據點中探索每一處空間以完成關卡。

　　此外，由於大漢據點的砲口空間形式，以及牆壁上的諸多提示，課程以數學領域的課程單元為主，包含圓面積、圓

周長、小數乘法、單位換算等單元，這些單元大多都是國小五或六年級才會學到的內容，因此將課程年級設定在國小高年級。

據點空間與教學設計配對如下：

簡報室	透過據點模型辨識大漢據點的地理位置，與社會領域的地形單元連結。 檢視據點裡所使用的武器、空間與環境的條件，推測出大漢據點的規模。
中山室	經由閱讀散文，在現場感受軍事據點的戰事氛圍，與國語文領域的閱讀理解單元連結。
第二砲口空間	將牆壁上的敵艦剪影，轉化成對稱圖形，利用船艦底部的假想線為對稱軸畫出敵艦。
第三砲口空間	利用工具測量砲口空間的半徑，計算出砲口空間的面積及周長。
第四砲口空間	認識不同的距離單位「碼」，並能換算成常用的「公尺」單位，同時運用工具測量砲口空間的周長。

此次課程在大漢據點的空間中分別設置 5 道關卡，為了更有效引起學習者闖關的興趣，捨棄了一般按照順序進入空間闖關的慣例，並設定主題「大漢據點之消失的謎圖」：

學習者在課程一開始拿到的是不完整、模糊的大漢據點平面圖，需完成一道道關卡，並找教學者確認無誤之後，就能獲得大漢據點的平面圖局部貼紙；待完成全部的關卡，即可匯集成一份完整的平面圖。

　　大漢據點的性質特殊，軍事氛圍強烈，且出入口非常單純，甚至連平日遊客也不多，非常適合讓學習者在此進行任務闖關活動。除了本書提供的教材、教案，你還可以朝繪製地圖、辨別方位、認識岩石或植物等內容發想，創造出更多不同主題的任務闖關活動。

學習單雲端資料夾

第二間教室：軍事遺產
適用年級：國小高年級
課程時間：兩小時
〈大漢據點之消失的謎圖〉（附任務卡）學習單空白版與參考解答版

上｜在軍事據點內閱讀軍事相關文章,感受格外不同。(Source: 江篠萱)

下｜學習者以繩子測量空間的距離(半徑)。(Source: 江篠萱)

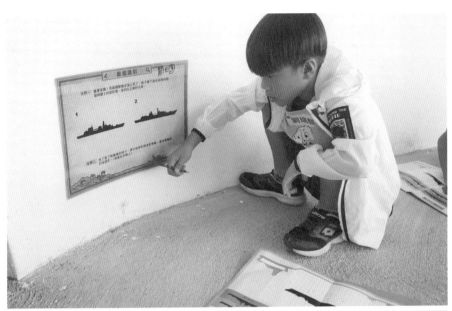

上 | 在砲口空間中，畫出敵艦的對稱圖形。（Source: 江篠萱）

下 | 尋找任務卡，依據文中線索，完成指定任務。（Source: 江篠萱）

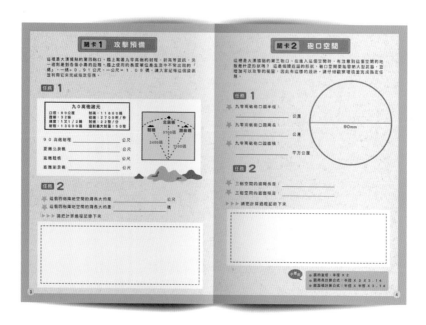

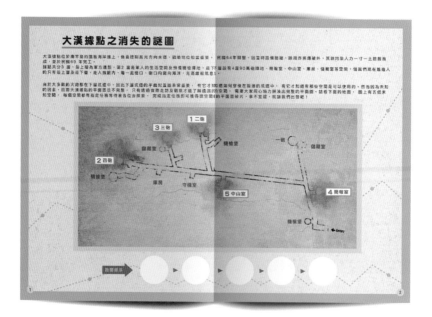

番外篇：課後聊一聊

此次試教學校距離大漢據點僅 5 分鐘的路程，學習者也都表示來過大漢據點上課。

由於許多關卡需要具有數學的基本知識，部分學習者難免因而卡關，然而即使遇到難題，他們也不願輕易放棄，甚至到了該更換關卡時，他們還是企圖把答案找出來或算出來，闖關過程非常投入。

所有闖關結束後，學習者回到第一砲口空間集合，並進行議題討論：「大漢據點的正式名稱為『43據點』，民國90年代時交由馬祖國家風景區管理處管理，並陸續整修開放為觀光景點，跟原本的軍事用途大不相同，如果你有機會再次整修、重建大漢據點，你會怎麼做呢？」他們的表現真是讓人驚豔。

此時學習者經過闖關後已對所有空間的配置、大小、特色有一定程度的認識，因此激發出非常多元的答案，包含KTV、背包客旅店、密室逃脫空間、釀酒廠及海景餐廳等，

顯然對這個軍事據點產生了更多的想像和情感連結，而這正是文化資產教育的目的啊！

※ 來看看參與試教的老師怎麼說：

教師	・學生真的很需要踏出戶外，在外面上課時他們的眼睛都亮起來，展現很高的學習意願，跟在教室時非常不同。在教室中，他們往往不會主動想完成老師指派的功課，但在這次的試教課程中，卻非常主動想要完成任務，甚至希望可以延長課程時間，真的跟在教室非常不一樣。 ・五、六年級合作過程中，充分顯現他們的團隊合作能力。之前沒想過大漢據點可以操作這樣的課程，且據點離學校非常近，希望這樣的課程之後可以持續進行，或是提供學校參考使用。

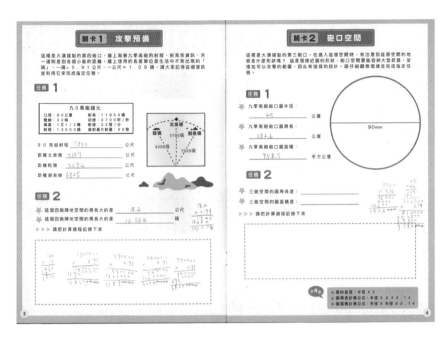

關卡1 攻擊預備

這裡是大漢據點的第四砲口，牆上寫著九零高砲的射程、射高等資訊，另一邊則是各個小島的距離。牆上使用的長度單位是生活中不常出現的「碼」，一碼＝０．９１公尺，一公尺＝１．０９碼，請大家記得這個資訊並利用它來完成指定任務。

任務1

```
        ９０高砲諸元
口徑：９０公厘      射高：１１８００碼
膛線：３２條       初速：２７００呎／秒
緯度：１又１／２碼   射速：２２發／分
射程：１３０００碼    連射最大射速：５０發
```

九０北泉橋、射擊橋、測泉橋（圖）

９０高砲射程	11830	公尺
距離北泉橋	5187	公尺
距離射擊橋	3094	公尺
距離測泉橋	6825	公尺

任務2

這種四砲降地空間的周長大約為 18.2 公尺

這個四砲降地空間的周長大約的是 16.562 碼

▶▶▶ 請把計算過程記錄下來

（手寫計算過程）

關卡2 砲口空間

這裡是大漢據點的第三砲口，在進入這個空間時，有注意到這個空間的地板是什麼形狀嗎？這個很接近圓形的形狀，砲口空間要能容納大型武器，並增加可以攻擊的範圍，因此有這樣的設計。請仔細觀察環境並完成指定任務。

任務1

（圓形圖，90mm）

九零高砲砲口圓半徑 45 公厘

九零高砲砲口圓周長 282.6 公厘

九零高砲砲口圓面積 958.5 平方公厘

任務2

三砲空間的圓周長是 _____

三砲空間的圓面積是 _____

▶▶▶ 請把計算過程記錄下來

（手寫計算過程）

小提醒：
- 圓的直徑：半徑 × ２
- 圓周長計算公式：半徑 × ２ × ３．１４
- 圓面積計算公式：半徑 × 半徑 × ３．１４

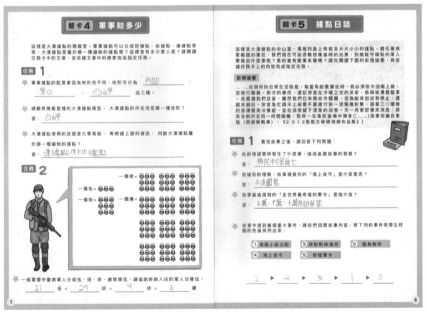

關卡4 軍事知多少

這裡是大漢據點的指揮室，軍事據點可以分成班據點、排據點、連據點等等。大漢據點是屬於哪一種編制的據點呢？這裡會有多少軍人？請開讀任務卡中的文章，並依據文章中的線索完成指定任務。

任務1

軍事據點的配置會因地形而不同，地形可分為 凹凸、凸山甲 這三種。

請觀察指揮室裡的大漢據點模型，大漢據點的所在地是哪一種地形？

答： 凸岬

大漢據點使用的武器是九零高砲，再根據上面的資訊，判斷大漢據點屬於哪一種編制的據點？

答： 連據點及排據點

任務2

（士兵圖與符號）

一值班 = ◉◉◉◉◉◉◉◉◉

一值伍 = ◉◉◉

一值班 = ◉◉◉ 一個連 = ◉◉◉◉◉◉◉◉◉

一般軍營中會將軍人分成伍、班、排、連等隊伍，請協助將新入伍的軍人分隊伍。

81 伍 ＝ 27 班 ＝ 9 排 ＝ 3 連

關卡5 據點日誌

這裡是大漢據點的中山室，馬祖列島上有很多大大小小的據點，擔任著保家衛國的責任。我們現在在可能很難想像當時的光景，到據點守護的軍人常常會付出慘痛！？為什麼有軍事據點呢？請先閱讀下面的前情提要，再依據據點任務卡上的內容完成指定任務。

前情提要

...在夜裡的日常生活就是，每當有些警靠近時，就必須恪令回報上級，並進行關機、熄火的事件，這記得是在冷風之交的某夜，島嶼被濃霧籠罩著，夜霧讓我們目盲，雖然我們已依照命令關機，但漁船卻沒有停止，讓越來越近，安官急忙請示上級要不要進行第一波艦艇射擊，接著三○機砲再次響起，是在深夜裡下清楚的回音，天一亮智慧低氣慮下清處，就知道所有已同時關機，對岸一名漁民滿滿中彈身亡...。（故事改編自某某《西線無戰事》，《２０１２馬祖文學獎得獎作品集》）

任務1 看完故事之後，請回答下列問題：

在前情提要時發生了什麼事，造成後面故事的發展？

答： 漁民中彈身亡

依據你的理解，故事裡提到的「海上夜市」是什麼意思？

答： 不夜圓寫

故事最後提到的「全世界最奇怪的軍令」是指什麼？

答： 千萬、千萬、千萬別相信海平

故事中提到幾個重大事件，請我們回想故事內容，將下列的事件依發生時間的先後排列下來。

1	艦艇小艇出勤	2	誤射對岸漁民	3	圍島解除
4	海上夜市	5	奇怪軍令		

2 ▶ 4 ▶ 3 ▶ 1 ▶ 5

西洋歷史式樣建築

為什麼選擇原臺南地方法院作為西洋歷史式樣建築教學現場？

本章節挑選原臺南地方法院（今為司法博物館）作為西洋歷史式樣建築文化資產教學的案例，正是由於其建築設計充分展現法院公平、正義的形象，且結構完整，具有歷史代表性，尤其便於參觀，非常切合教學者與學習者互動的需求。

為什麼需要認識
西洋歷史式樣建築？

　　走在臺灣街道，經常聽聞有人對著老式建築物，驚嘆：
「哇！那巴洛克式的建築立面好漂亮。」到底什麼是「巴洛
克建築」，相信很多人都很好奇。從藝術史或建築史的角度
來看，臺灣到底有沒有經歷過歐洲國家 17 世紀左右的巴洛
克時期，而有資格產生「巴洛克建築」？這個問題一直都有
正反兩方的說法。

西洋歷史式樣建築之舊臺中車站，與總統府的建
築風格近似，都是日治時期具代表性的西式建
築。（Source: YSP）

　　回溯起來，之所
以會出現這些令人感
動或疑惑的建築外觀
式樣，是源自於百年
前日本殖民政府的規
劃。明治維新之後，
日本將學子大批送往
歐洲國家學習建築專
業，這些經過歐式訓

練的建築專家，有部分人在返回母國後，又來到當時殖民地臺灣，將所知所學實踐在這塊土地上。

相比清代治理期間所留下的中式建築，「摩登／現代化」（modern）的歐洲建築風格，當時格外吸引人注意，於是這樣的西方建築語彙開始在臺灣流行起來。

然而日本所導入臺灣的建築風格，一般人乍看會以為是歐洲各國常見的建築式樣，並用「巴洛克建築」概括指稱臺灣類似外觀的建築，但其實並非正統的西方古典建築做法。本書並不打算深究建築的專業知識，為了不增加讀者對於建築式樣定義的混淆，在書中統一用「西洋歷史式樣建築」的中性用詞，詮釋各種源自於西方國家的建築式樣。

西洋歷史式樣建築之臺中公園湖心亭，建築風格融合了日式典雅及西式穩建，是臺中市的知名地標。（Source: YSP）

而上述考量也正是為什麼需要特別認識西洋歷史式樣建築這類文化資產的原因。

　　臺灣的西洋歷史式樣建築，舉凡現今的總統府、新竹車站、臺灣文學館以及司法博物館等，大多是日治時期日本政府在臺灣建設的公共建築。這類建築通常融合了不同歐洲國家、不同時期的建築式樣，從外觀設計及內部裝潢都可以找到許多裝飾語彙，給人們的感覺也較為華麗，容易引起大眾的興趣，進而走進建築物中探索與參觀。以下表格盤點臺灣目前還保存良好，前身是日治時期的公共建築，並可開放參觀的西洋歷史式樣建築：

日治時期 原始機能名稱	建築 年代	文化資產官方名稱 （目前使用狀況）
臺南縣知事官邸	1900	原臺南縣知事官邸（知事官邸生活館）
臺南廳長官邸	1906	原臺南廳長官邸（原臺南廳長官邸）
臺北水源地慢濾場	1908	臺北水道水源地（臺北自來水園區）
臺中公園湖心亭	1908	中山公園湖心亭（臺中公園湖心亭）
新起街市場	1908	西門紅樓（西門紅樓）
臺南地方法院	1912	臺灣臺南地方法院（司法博物館）
臺灣總督官邸	1913	臺北賓館（臺北賓館）

新竹火車站	1913	新竹火車站（新竹火車站）
臺中州廳	1913	臺中州廳（修復中，暫停開放）
嘉義營林俱樂部	1914	嘉義營林俱樂部（檜意森活村園區）
兒玉總督後藤民政長官紀念館	1915	臺灣總督府博物館（國立臺灣博物館）
臺北州廳	1915	監察院（監察院）
臺南州廳	1915	原臺南州廳（國立臺灣文學館）
臺中火車站	1917	臺中車站（臺中驛鐵道文化園區）
臺灣總督府	1919	總統府（總統府）
臺灣總督府專賣局	1922	專賣局（臺灣菸酒股份有限公司）
臺北帝國大學圖書館	1930	臺灣大學原帝大校舍舊圖書館（國立臺灣大學校史館）

如何認識
西洋歷史式樣建築？

　　前面提到西洋歷史式樣建築本質是融合了各種不同的西式建築風格，以下就簡單介紹此種類型的建築外觀、內部空間、建築用途等面向。

· **建築外觀**：

　　這類型建築的外觀常具有良好的比例與對稱關係，例如：牆面的開窗數量、入口的柱體數量，都呈現對稱之美。當然也不要遺漏其細膩的建築裝飾，可以從藝術欣賞的角度加以觀察，細究此類型建築經常使用哪些裝飾，並以繪畫方式記錄下來。另外，也應一併注意建築物所使用的幾何圖形，往往可以發現這些圖形呈現極具規律的排列組合形式。

臺中州廳，是日治之臺中州、民國之臺中市的政府所在地。屬國定古蹟，與原臺北州廳（今監察院）、臺南州廳（今臺灣文學館）為同一單位同時設計同時開始營造。西式建築風格明顯，這也是日治時期官署建築的重要特徵。（Source: YSP）

‧ 建築內部空間與用途：

　　此類型建築的內部空間裝潢華麗大氣，在天花板、牆壁、柱頭等位置會以植物、水果、花紋等圖案加以裝飾，參觀時宜細細欣賞。而由於日治時期的建築技師在進行設計時，都會依據建築物的用途，設計符合其功能的內部空間，因此其內部的空間配置往往能恰如其分地彰顯其用途。

臺中州廳中庭，建築物上規律排列的幾何圖形，一眼可見。目前臺中市政府仍有若干局處在此辦公。（Source: YSP）

以原臺南地方法院
作為教學現場

　　原臺南地方法院，現為司法博物館，位於臺南市中西區，臺南市美術館二館在其正對面。周邊小吃林立，交通方便。室內空間大部分作為展示空間，也有許多長椅可供參觀者休憩。

建於日治時期的臺南地方法院，現已轉型為司法博物館。（Source: Richie Chan/ PIXTA）

原臺南地方法院建築概述

現代人對「法院」的功能都不陌生，但事實上遲至 1896 年由日本政府將西方法院制度引進臺灣，才首度有法院的概念。原臺南地方法院建造於 1912 年，是由當時臺灣總督府技師森山松之助設計建造，此地點原先是明鄭時期的馬兵營遺址，目前在大門口立有說明石碑。

原臺南地方法院是臺灣少數留存的日治時期大型地方法院建築，建築樣式採用復折式屋頂，屋頂上有圓形老虎窗，外牆則規律排列著長方形窗戶，外框以洗石子塑成凹凸狀幾何圖案。

主要入口有兩個，分別在北面長側兩端，各有山尖與粗壯的柱子構成的門廊。入口的立面可拆分成三段，稱為三段式立面建築，分別是屋頂、屋身以及屋腳，這樣的三段式結構源自於古希臘時期。除了建築立面，柱子也呈現三段式建築結構。

立於原臺南地方法院圍牆外的馬兵營遺址碑。（Source: 江篠萱）

上｜主入口的三段式立面，在屋頂部分由楣樑與額枋形成一體，角落略為凸起，三角形山牆部分以窗戶取代了裝飾。屋身部分則由 8 根柱子構成，兩側各以 3 根柱子為一組立於基座上，最角落的柱子為方形柱，中央則為 2 根獨立的圓形柱，各自立於基座上。不管是方柱或圓柱，均嵌有比柱體更大的 4 個方體。而屋腳則由階梯以及柱子的基座組成。主入口供司法官員進入，因此設計上較為華麗。（Source: 江篠萱）

右上｜次要入口屋頂的形式與主入口略有不同，楣樑與額枋的角落並無凸起，額枋上為三槽石及小間壁，在三角形山牆中同樣以眉形窗取代了裝飾。屋身部分柱子數量與主入口相同，配置也相似，左右各以 3 根柱子為一組，由 1 根方柱及 2 根圓柱組成，中央則為獨立圓柱。屋腳同樣是由階梯及柱子的基座組成。次入口為一般民眾出入用，在設計上就較為簡樸。（Source: 江篠萱）

右下｜假入口位在建築物西側，僅作為裝飾設計，不具備出入功能。屋身部分共有 4 根柱子，分別在假入口的兩側，中間則開了 2 扇長方形窗戶。柱子的樣式與主入口類似，為兩兩一組的圓柱，亦有 4 個方體嵌於柱體之間，可以說是主入口的縮小版。（Source: 江篠萱）

如何將原臺南地方法院
轉化成教學內容？

　　原臺南地方法院的建築外觀、室內裝潢、內部空間配置及空間功能等細節內容，都能成為教學素材。現地勘查當天正好遇到另一組團體在進行角色扮演活動，只見學生穿上法官、檢察官的衣服，模擬法庭開庭情狀。原也由此聯想，計畫以角色扮演作為課程進行方式，預期讓學習者同時認識本文化資產之建築特色及其法院訴訟功能。

　　但經過討論後，赫然發現建築特色及法院訴訟功能（法治教育）應該分屬不同主題的課程，不宜硬是串在一起執行，若想將建築特色、法治教育兩個主題都安排進 2 小時的課程

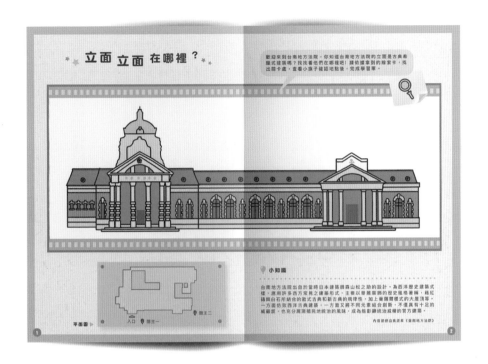

中，反而會導致教學內容不夠深入。最後考量文化資產教育課程應補學校課程之不足，故以法院的建築立面為主題，結合藝術創作來發展課程教案。

原臺南地方法院現地勘查紀錄表		
課程進行地點	現地勘查發現之素材	建議學習單元
司法博物館	·法院空間 ·建築外觀 ·室內裝潢（天花板、地板、柱子）	·數學：對稱圖形、形狀 ·藝術：色彩學、對稱圖形、建築欣賞 ·法治教育

原臺南地方法院課程
構思與發展過程

　　提到法院，很容易就跟法治教育聯想在一起，原臺南地方法院現場也保存暫時拘留被告的小房間，以及法院審理空間，非常適合讓學習者進行法庭模擬。前面也提到在現地勘查時遇到一組學生正在法庭空間中進行法庭模擬的體驗活動。然而法庭的審理過程，其實與原臺南地方法院被指定為古蹟的理由（建築特色）較不相關，因此決定先以認識建築特色為主軸。確定以建築美學為課程方向後，便開始盤點建築本體的設計手法與立面特色，並找出多個顯而易見的建築特點來進行課程發想。

上｜辨別中西建築以引起動機：在課程一開始備有許多中式建築與西式建築的照片，供學習者加以比較、判斷本次要認識的建築是屬於西式建築。（Source: 江篠萱）

下｜以圖片說明三段式立面如何分段：讓學習者將一張西式建築立面的圖片分別剪成三段，藉此了解三段式立面。（Source: 江篠萱）

原臺南地方法院建造時代背景為日治時期，除了形塑威嚴外，更富有西式建築的華麗風格，別具特色。再者，建築中使用到許多雕花與幾何圖形，也不要忘了引導學習者仔細觀察。本次課程主題為「立面立面在哪裡？」，學習者年齡設定在國小中高年級，以建築物外觀為主軸，帶學習者從美學的角度了解本建築物。

左｜學習者需在限定的時間內仔細觀察三個立面，找出不同的特色。由於課程設計結合了藝術領域，所以也要求學習者從每個立面找出至少兩處特別紋路並畫下來。（Source: 葉秀玲）

右｜為增添趣味性，每組關卡要先取得線索卡，線索卡內容是圖片線索、文字線索及拼圖線索，學習者需破解謎題，才能知道任務地點，成功完成挑戰。（Source: 葉秀玲）

除了觀察與記錄之外，也希望學習者能將這些特色內化為自己的創作來源，因此延續前面的課程，學習者了解立面可分為三段後，利用剛剛所觀察到的花紋及裝飾，設計出屬於自己的立面。

　　本課程設計著重在培養美感，將所見所學內化後進行創作，希望學習者學會細心觀察，提升對美的感受力，並能更親近文化資產。

考量時間有限，各組每人分別負責三段式立面中的一部分，待完成後就能拼湊出獨一無二的三段式立面。（Source: 江篠萱）

上｜學習者仔細觀察假入口的外觀、裝飾圖樣，並加以記錄。（Source: 江篠萱）
下｜透過適當的課程規劃，學習者在戶外教學時更會展現出積極的學習意願。（Source: 江篠萱）

上｜學習者完成觀察任務後，找教學者確認觀察成果是否無誤。（Source: 江篠萱）

下｜各組學習者各自將其作品合併成一本翻翻書，並在眾人面前大方說明分享。

（Source: 江篠萱）

番外篇：課後聊一聊

　　本次參與教學的是鄰近原臺南地方法院的臺南市忠義國小，該校距離法院僅需步行 10 分鐘。因教學進行日為假日，故開放學校各年級學生自由報名參加。課程進行時，大多數學習者均能分別屋頂、屋身、屋腳三個部分，所完成的學習單辨識度也非常高。

　　最後，學習者回到室內拿到三段式立面底圖，將底圖依照屋頂、屋身、屋腳三個部分分割，搭配隨機分配拿到的底圖，以色鉛筆進行圖像創作。待完成後，將眾人的作品合併成一本可組合不同部分的翻翻書，學習者都開心地欣賞彼此的作品。

　　不過因本次課程為混齡教學，實際教學時發現課程內容對低年級學習者稍有難度，常無法自行判讀學習單內容，需要旁人加以協助。但中高年級學習者從一開場，到之後的觀察、記錄及個人創作時，都有很好的學習反應，產生出來的成果也極具創意。整體而言，教學效果讓人滿意。

學習單雲端資料夾

第三間教室：西洋歷史式樣建築

適用年級：國小中高年級

課程時間：兩小時

〈立面立面在哪裡？〉（附線索卡）學習單空白版與參考解答版

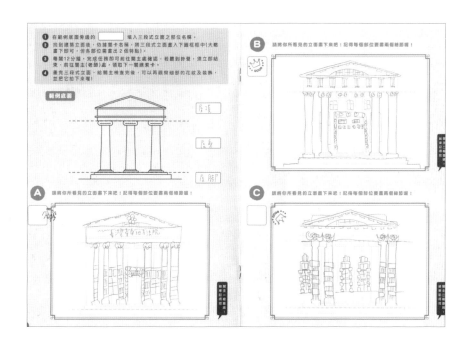

宗教信仰場所

為什麼選擇新竹都城隍廟作為宗教信仰場所教學現場？

城隍爺被認為是陰間的司法官，也就是陰間的政府官員，與媽祖娘娘、玉皇大帝、保生大帝等神明不同的是，現任的「城隍爺」是由地方仕紳過世後來擔任，表示城隍爺的神格類似於陽間的政府官員，是有任期的，或是被指派的。因此，城隍信仰又不同於其他信仰。

新竹都城隍廟作為臺灣位階最高的城隍廟，每年辦理的中元祭典也熱鬧非凡，而城隍爺神格的晉升，更是緊扣新竹地區的發展，因此非常適合帶新竹地區的學習者來認識城隍廟。

為什麼需要認識
宗教信仰場所？

　　臺灣主流的宗教信仰包含佛教、道教、天主教及基督教等等，宗教建築常見的有佛寺、廟宇與教堂等。在早期的開墾社會，宗教信仰是人們心靈上重要的支柱，甚至對統治者來說，宗教信仰也有一定的影響力，甚至有所謂的「官廟」，即是由統治者所認可而代表官方的廟宇。

　　宗教建築同時也跟聚落的發展有密切關聯，早期先民來臺開墾時，常帶著原鄉的宗教信仰一起渡海，祈求風調雨順、事事順利。因此宗教建築往往設置在聚落的中心位置，其香火鼎盛的程度也與聚落的繁榮成正比。

　　建造宗教信仰場所在早期社會是非常重大的事，需要集眾人之力才能完成，所需要的工藝技術也非常多元，形成非常特別的現象──你很難在非宗教建築中，同時觀察並認識彩繪、木刻、妝佛、剪黏以及雕塑等等如此多樣豐富的工藝

技術。連帶從宗教建築的樣式及風格中，也可以判斷主祀神明的原鄉，甚至神明的特色都會反映在宗教建築的構成元素中，例如：醫神保生大帝的廟中常常可以看到藥籤，而城隍廟裡面則可以看到許多賞善罰惡的意象。

象徵賞罰分明的算盤，懸掛於新竹都城隍廟正殿之上，兩旁寫著「世事何須多計較，神天自有大乘除」。（Source: 江篠萱）

在信仰逐漸式微的今日，人們雖然不像過去那樣熱衷於宗教活動，但往往在諸事不順或是遇到困頓時，仍會選擇求助神明的力量。因此，透過認識宗教信仰場所，除了解信仰文化之外，也能從地方的發展過程更加認識自己此刻所居住的環境。

如何認識宗教信仰場所？

針對臺灣較常見的廟宇類型宗教建築，可以從下述幾個面向著手認識，包含建築裝飾與彩繪、信仰文化、地方發展脈絡等。雖然廟宇承載了許多不同的文化資產內容，格外值得到現場進行教學，但同時也容易因信徒眾多而有人潮擁擠的狀況發生，且信眾持香移動，一觸即傷，在現場教學時必須多加注意。

· **建築裝飾與彩繪：**

廟宇的裝飾及彩繪幾乎無所不在，從廟外的石獅、龍柱、

廟宇裡的彩繪會因煙熏、日曬、溼氣重等種種原因而褪色斑駁，需畫師再次繪製以重現工藝之美。照片為 2021 年臺中大甲鎮瀾宮修復廟宇，國寶級畫師將彩繪重新上色，也間接展現了廟宇的香火鼎盛。（Source: YSP）

門神、廟頂的剪黏等，就包含許多不同的傳統工藝技術，可以詳加觀察與記錄。若時間允許，可以比較不同廟宇的裝飾及彩繪，即可發現各個匠師工藝的精彩之處。

進到廟裡，則可以觀察藻井、斗拱、牆面彩繪與浮雕等，往往包含精彩的木刻、彩繪、雕塑等傳統工藝技術。另外，神明的雕像也是傳統工藝的一環，雖然一般參拜時較難仔細端詳，但把握各式祭典或遶境活動，就能近距離看到平常不易看清楚的妝佛藝術。

· **信仰文化：**

信仰文化可說是廟宇存在的核心價值。信仰文化將共同信仰圈的信眾連結起來，共同祀奉廟宇中的神祇，並形成一些共同的行為。以保生大帝為例，屬於醫療神的祂發展出點香把脈、祈求藥籤的信仰文化，在醫療資源較不發達的時代極受信賴，舊時人們生病時會去廟裡求藥籤，走出了廟就到旁邊的中藥店、藥草行抓藥。這樣的藥籤信仰到了現代依然持續著，雖然人們不再將藥籤視為唯一的解方，但是透過求藥籤的儀式，也能夠安撫生病時憂慮不安的心。

・地方發展脈絡：

　　以新竹都城隍廟為例，隨著清代新竹行政地位的升級，新竹城隍也從縣城隍顯佑伯，一路晉升為都城隍威靈公。除了因官方層級變化導致神格不同而整建廟宇，聚落中的廟宇也會因為地方的發展而改頭換面，尤其信眾主要都來自於同個聚落，每當需要修繕增建時，亦是由地方人士出錢出力，因此地方的繁榮與否便與廟宇的興衰有密不可分的關係。

學習單雲端資料夾

第四間教室：宗教信仰場所
適用年級：國小中年級
課程時間：兩小時
〈新竹的守護神——城隍爺〉學習單空白版與參考解答版

以新竹都城隍廟
作為教學現場

　　新竹都城隍廟位於新竹市舊城區中心，廟前廣場小吃林立，周邊街道餐飲商店聚集，美食豐富。城隍廟的內部空間則稍顯擁擠狹窄，休息空間較少。

新竹都城隍廟是全臺最大的城隍廟，主祀的是「官階」最高的城隍神祇。（Source: 新竹市政府）

城隍信仰簡介

　　山有山神，水有水神，「城」與「隍」兩個字，原本分指「城牆」與「護城河」，後來慢慢演變為民間信仰中的城市守護神，也是陰間司法體系的司法神。傳說城隍爺是管理陽間與陰間的神，在陽間專門懲罰兇惡之人，導正社會風氣；在陰間則負責記錄人間善惡，以及審判、移送等工作。遇有善人善事則通報天庭，惡人惡事便通報地府。有點類似人間之警察、檢察官及法官的綜合體。

　　城隍又類似陽間的縣市長一樣是官職名，也有任期之分，而城隍爺的位階會隨著所管理的城市升格而改變。位階由高至低分別為：掌管一省或一府的「威靈公」、掌管一州或一府的「靈佑侯、綏靖侯」以及掌管一縣的「顯佑伯」。換句話說，城隍廟不是到處都有，通常縣治以上層級的城市才能設有官方的城隍廟。

新竹都城隍廟發展概述

・顯佑伯，新竹縣城隍：

1731 年（雍正九年），清朝政府將臺灣的行政區增加一廳（淡水廳），轄大甲溪以北，廳治初設於彰化，是為一府四縣二廳。1733 年，廳治移竹塹城（今新竹市），第一代竹塹城誕生，當時以刺竹等植物作為城牆，並建造 4 座木製城樓，初步具有城的雛形，但尚未建造城隍廟。1748 年（乾隆十三年），城隍廟建成，淡水廳治則遲到 1756 年才完成，先建城隍廟再建政府辦公處所，為臺灣歷史上絕無僅有的紀錄。此時的新竹城隍爺屬於縣城隍等級。另說：淡水同知又稱為分府同知，故此時的城隍廟為分府城隍——靈佑侯。

・靈佑侯／綏靖侯＊，新竹府城隍：

1875 年（光緒元年），臺灣行政區改為二府八縣四廳，原先的淡水廳改為淡水縣，併入臺北府中。然而臺北府治初期仍延用原新竹淡水廳署，於是縣城隍便連帶按照府格晉升為府城隍。（＊民間與學者有兩種說法，此處皆列出。）

御賜「金門保障」匾額，今懸掛於城隍神座之上。相傳為光緒十三年時，因城隍廟祈雨有功，隔年由巡撫劉銘傳奏請頒贈。（Source: 江篠萱）

· 威靈公，新竹都城隍：

　　1888 年（光緒十四年），由於前一年盛傳將有災殃降臨臺灣島，於是光緒皇帝明令舉辦護國佑民法會以消災厄，法會選在當時的新竹城隍廟舉行，也由於這場代表全臺的法會，使新竹府城隍在隔年晉升為威靈公。在這份旨令中，還令城隍每年七月十五日應奉旨遶境賑孤，祈求國泰民安，這即是現今農曆七月新竹城隍遶境活動的由來。

城隍廟屬官祀系統，城隍神格會隨著所在地方行政區劃改制而晉升。（Source: 葉秀玲）

· 新竹都城隍廟所祀神明：

左上｜威靈公‧新竹城隍爺：黑面長鬚，高約160公分，目光朝下，左手握絹，右手拿扇，大拇指有玉戒金戒，外披金紅錦袍，予人莊嚴穩重之感。（Source: 吳登照）

左下｜陰陽司公：祀於正殿左方，頭戴文官帽，塑像及鬚鬢半黑半白，象徵兼理陰界和陽界，是城隍爺的祕書長。每年農曆七月初一代表城隍爺到北壇（新竹水田福德宮）坐鎮，聽取孤魂野鬼以及陽間一般民眾的冤屈，七月十五日再由城隍爺於出巡中接回。（Source: 吳登照）

上｜六將軍：包含牛將軍、馬將軍、枷將軍、鎖將軍、謝將軍、范將軍，是新竹都城隍廟的知名特色。在民間傳説中，六將軍兩兩成對，謝將軍、范將軍被賦予在陽間捉拿犯人的工作，牛將軍、馬將軍負責從陽間帶回壽終正寢之人，並且在陰間監守奈何橋，而枷將軍、鎖將軍則專職押送有罪之人與傳送生死簿。六將軍於每年農曆七月十三日（也就是七月十五日之前），由大少爺、二少爺輪流領城隍旨令「查夜暗訪」，事先訪查中元節遶境賑孤的主要幹道，並掃淨沿途所經之處。在七月十五日，也會隨著城隍爺一同遶境。（Source: 江篠萱）

六司：城隍爺轄下各部門的長官，包含糾察司、速報司、樂善司、罰惡司、延壽司、增祿司。每位司長皆塑有金身，坐於官椅之上，兩側均有 2 至 4 個童子或官差侍立，其形態各有不同。（Source: 江篠萱）

城隍夫人：後殿的主祀神為城隍夫人，兩旁立有大媳婦、二媳婦，城隍夫人採坐姿，身披繡袍，柳眉細目，面露慈善。（Source: 江篠萱）

　　除了上述諸神，正殿左右兩側尚有文武判官，文判官左手握生死簿，右手執筆，神像容貌較為溫和；武判官左手捋鬚，右手舉劍，身穿盔甲，容貌及身形較為威猛。後殿右廂神龕內為大少爺與二少爺的塑像，大少爺左手握絹，身形較二少爺稍小；二少爺左手握絹，右手拿扇。二者為城隍之子，每年農曆七月十三日，奉命偕同六將軍「查夜」。此外，廟中亦祀有福德正神、註生娘娘、月下老人等臺灣常見神祇。

如何將新竹都城隍廟
轉化成教學內容？

　　「城隍信仰」相較於其他廟宇神明信仰，不論是選任方式或是掌管職責，都更加呼應在地，也更加貼近城市的發展。新竹城隍爺傳說是由新竹地區已逝世而富有名望的仕紳選任，且身分稱謂會隨著新竹行政區的改制而升等，現在的新竹都城隍廟已成為臺灣最高階級的都城隍廟。若將城隍信仰與新竹市發展連結，除了可介紹獨樹一幟的城隍信仰文化，也能從城隍信仰脈絡下對於神明的參拜順序，延伸分析廟宇空間的配置，進而推敲神格與廟宇各空間配置的關聯，並藉此掌握新竹地區的歷史發展。

城隍爺是城市的守護神，職責在管理陰陽兩界秩序，因此城隍信仰下神職位階與分工系統也類似於人間的執法系統，除了有總司令（城隍爺），祕書長（陰陽司公）也扮演著褒善懲惡、公正不阿的角色，其底下又細分為掌管文職的六司、文武判官與執行外勤武職的警察（六將軍）。各神明的職責分工明確，可與城隍爺賞善罰惡的形象一同納入教學素材。

另外，城隍廟內顯明易見的匾額與算盤，能一眼讓人領悟到城隍爺在當地人心目中的正直無私與崇高地位。各將軍配戴的頭飾與手上的法器，也讓人能夠一眼辨識其職稱與職責，同樣呼應了城隍爺賞善罰惡、執法如山的守護神角色。賞善罰惡，成了新竹都城隍廟裡最顯而易見的核心概念。

新竹都城隍廟現地勘查紀錄表		
課程進行地點	現地勘查發現之素材	建議學習單元
新竹都城隍廟	大算盤、藻井、龍柱、動植物彩繪、雕刻、時間軸、陰陽廟、民俗活動、空間配置、六司功能、籤詩、新竹地方仕紳	社會：臺灣的民間信仰

新竹都城隍廟課程
構思與發展過程

　　提到參訪廟宇，一般人腦中浮現的畫面不是龍柱、藻井等雕刻彩繪，就是導覽人員細心解說廟宇之美，但本課程在主題擬定的最初，就想要打破常見的導覽框架，找出新竹都城隍廟獨具的教學能量。故決定以城隍廟的陰陽廟性質、廟中神明賞善罰惡的信仰主軸來發展課程。

　　新竹都城隍廟可分為三川殿、正殿、後殿等空間，從名稱上即可看出階層關係。依據廟宇建造與改建的先後，廟宇的正中央屬於主神所在的正殿，也是信仰最核心的位置。三川殿（前殿）除了天公，也會依據廟宇類型安放相對應的神

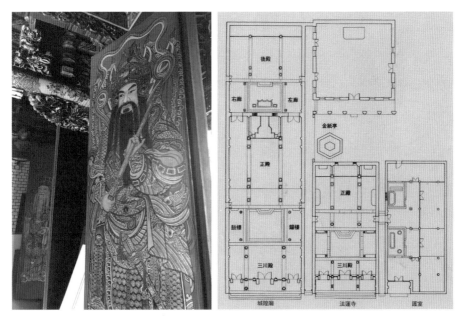

左｜新竹都城隍廟的龍柱雕刻、牆面及門神彩繪雖然精彩，適合作為欣賞藝術、探究文史的素材，但不合乎本篇的教學主軸，故未納入教案設計。（Source: 葉秀玲）
右｜城隍廟可算是封閉空間，且空間功能區分明確，適合讓學習者分組闖關以加深學習印象。（Source: 新竹都城隍廟官網）

祇，後殿則是城隍爺的家人與後來增加的神官，人們在上香祈福時也會按照神明位階與空間階層循序參拜。

　　明確且有階層關係的空間，以及有次序的參拜流程，不難讓人聯想初到公司或學校報到時，必須前往各辦公處室跑流程，同時認識與熟悉各處室的環境與功能，因此「新竹的

守護神——城隍爺」的主題包裝就此誕生。

　　附帶一提，教案設計團隊曾多次前往城隍廟現地勘查，發現連成年人對參拜流程都非常不熟悉，甚至不了解為什麼需要拜拜，分不清不同神明有什麼不同職掌，遑論國小學習者？若沒有旁人協助，國小的學習者幾乎不可能獨自進入廟宇拜拜，甚至可能因為陌生而對宗教信仰產生排斥。所以如何讓學習者透過此課程掌握參拜流程，也認識城隍信仰，遂成為課程設計裡不可或缺的一環。

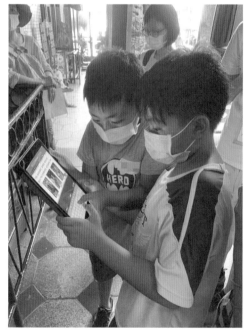

新竹都城隍廟 Holiyo

為了讓教學流程更加順暢且具互動性，本次課程運用 Holiyo 教學平臺的科技融入闖關活動，除了將學習的主動權還予學習者，也讓學習者對學習內容更加印象深刻，而且小組合作也能培養彼此互助合作的能力。（Source: 江篠萱）

城隍爺也參與了課程設計？

在發展課程的初期，曾經帶著教案草稿前往城隍廟稟告城隍爺，完成上香儀式後，卻出乎意料在擲筊時被否決了原本的課程主題名稱，所幸內容細節尚受肯定。於是又經過一番討論，才最終決議將此次課程主題名稱改為「新竹的守護神──城隍爺」。

教學開始前，首先播放城隍廟的影片，向學習者說明都城隍廟的建置沿革，並介紹城隍廟的重要祭典「竹塹中元城隍祭」。接著帶學習者進到廟裡，依據官方的參拜順序介紹每位神明，認識城隍廟中的神明及其工作職掌。希望透過此階段讓學習者知曉參拜城隍廟的順序，並能了解城隍廟消災解厄、賞善罰惡及庇佑日常的功能。

接下來讓學習者分組在廟中闖關，尋找正確答案。題目內容要求學習者觀察城隍廟各個神明的外觀、法器、所在位置等，共有 6 題。例如：「新竹都城隍廟有特殊的六將軍，會在中元城隍祭時出巡，將軍兩兩一組，請在廟中透過神像

的相對位置，正確將六將軍完成搭檔。」或是：「城隍廟中有一副大算盤，象徵城隍爺計算人間善惡，請找出算盤，並回答出算盤兩側的文字為何。」總之，就是要藉由層層關卡認識城隍廟的歷史沿革、空間分布與神明職責。

在課程的後半段，當學習者都了解也參觀過城隍廟之後，便進入生活情境題，讓學習者模擬身處不同的情境，判斷是否該前來參拜，進而體會對許多人來說，信仰是生活中不可或缺的部分，不一定是有事情才需要祈求神明，每日到廟中例行參拜的也所在多有。尤其對於家中沒有祭拜習慣的學習者來說，這是很好的機會教育，可以正確認識宗教信仰的意義。

課程的最後由學習者選出想跟家人朋友介紹城隍廟的部分，以 4 格漫畫的形式畫下來，或是畫出課程中印象最深刻的情景，並以圖畫作為成果評量。

番外篇：課後聊一聊

本次課程學習者為四年級學生，其中許多人在上課之前

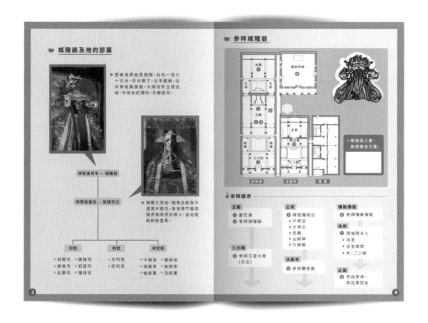

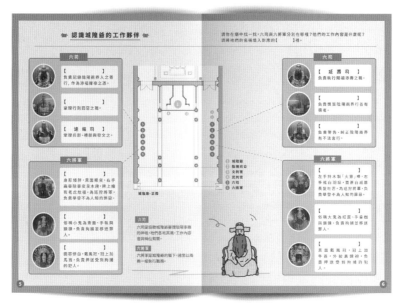

上｜帶領學習者導覽新竹都城隍廟，了解參拜流程。（Source: 江篠萱）
下｜對於在藻井或柱子上距離較遠的圖飾，學習者懂得使用照相功能攝近觀察。
（Source: 江篠萱）

上｜教學者善用工具，引導學習者使用平板進行闖關任務。（Source: 江篠萱）
下｜學習者尋找並對照實物，完成學習單上的問題。（Source: 葉秀玲）

都曾與家人來過新竹都城隍廟，但印象最深的皆是城隍廟周邊的小吃。美食圍繞，算是新竹都城隍廟的一大特色。

教學當天雖然參拜人數不多，但參拜者皆持香走動，所以在課程進行中，教學團隊需不斷提醒學習者注意周邊，更不要打擾正在參拜的民眾。環境複雜，算是宗教信仰場所類型的文化資產教育難以避免的一大問題。

此班學習者對平板的操作還算熟悉，但不善使用輸入法打字，幾乎都以直接書寫來輸入答案。而且這次使用的Holiyo 教學平臺，限定每個問題皆要有標準答案，輸入字數或順序不對皆算答錯，讓學習者多花了不少時間在輸入「正確」答案上，算是意料之外的插曲。

最後，經過上述課程，學習者都能進入學習單中設計的情境，因而激發出創作能力，紛紛畫出印象最深刻的課程內容，成果讓人很滿意。

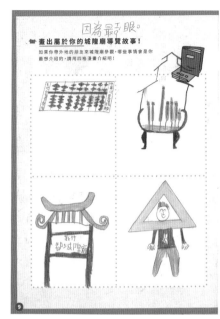

産業文化資産

為什麼選擇糖廠跟酒廠作為產業文化資產教學現場？

在眾多產業文化資產中，糖廠與酒廠應該是一般人最耳熟能詳，也最有印象的產業，幾乎每個縣市都有自己的糖廠或酒廠，同時也是最早轉型成為文化創意產業園區的類型。且糖廠及酒廠占地廣大，常被活化再利用為展覽空間、創意市集等用途，對民眾來說較容易親近。因此本書各選擇一處作為課程教案的發想案例，希望讀者日後來到糖廠或酒廠時，能夠以不同的角度認識這些文化資產場所。

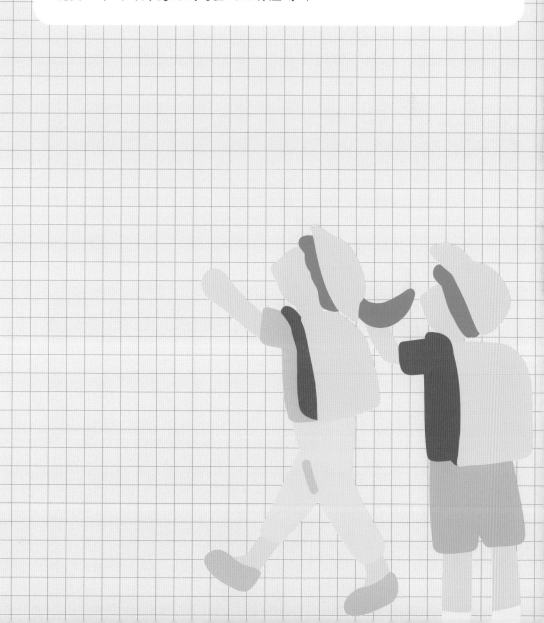

鐵道產業文化資產極受國人關注與喜愛，其中彰化扇形車庫是臺灣唯一仍有運作的扇形車庫，車庫呈半圓弧狀，有 12 股鐵道匯聚於此，具有維修與調度的功能，已登錄為國定古蹟，更是假日熱門景點。（Source: YSP）

為什麼需要認識產業文化資產？

　　產業文化資產說的是產業的故事，包含任何在工業革命之後所建立之產業的廠區、機具、產業知識以及製作流程，而更重要的是在裡面工作的人們，以及產業所在地因應而生

的聚落及其常民生活等等，都是產業文化資產中非常重要的內容。產業興盛或沒落，通常深刻影響地方的發展。

　　臺灣的產業文化資產遍布各種產業類別，下表盤點臺灣常見的幾種產業文化資產類別：糖產業、鹽產業、酒產業、油礦產業、鐵道產業、農林產業等，部分地點尚在運作進行生產，而更多的是保留部分產業文化資產內容，並轉為觀光休閒用途。在本單元中，我們希望透過認識臺灣的產業文化資產，讓國人更加了解臺灣過去100多年來的經貿發展過程，以及產業周遭的常民生活型態與樣貌的變遷。

產業文化資產種類	臺灣有關的產業文化資產個案
糖產業文化資產	溪湖糖業鐵道文化園區（溪湖糖廠）
	虎尾糖廠
	總爺藝文中心（麻豆糖廠）
	高雄糖廠（橋頭糖廠）
	花蓮觀光糖廠（光復糖廠）
	臺東糖廠文化創意產業園區

鹽產業文化資產	布袋洲南鹽場
	臺南濱海鹽田（七股鹽場、北門鹽場）
酒產業文化資產	華山 1914 文化創意產業園區
	臺北啤酒文化園區（建國啤酒廠）
	文化部文化資產園區（臺中公賣局第五酒廠）
	宜蘭酒廠
	花蓮文化創意產業園區（花蓮酒廠）
油礦產業文化資產	黃金博物館
	新平溪煤礦博物園區
	出磺坑文化景觀
鐵道產業文化資產	國家鐵道博物館籌備處（臺北機廠）
	國立臺灣博物館鐵道部園區
	臺鐵舊山線
	彰化扇形車庫
	阿里山林業鐵路
	舊打狗驛故事館（高雄港站）
農林產業文化資產	福興鄉農會碾米廠暨穀倉
	二結穀倉稻農文化館
	羅東林業文化園區（羅東林場）
	棲蘭山檜木林
	林田山林業文化園區

如何認識產業文化資產？

　　不同產業文化資產之間差異極大，但共同之處就是廠區／場區占地廣大，且建有許多獨立的建築物，每棟建築物都有其專屬功能；因應不同產業的製造流程又會設置各式生產設施，再加上產業與經濟、科技、周邊地方發展的連動關係。於是當「產業」轉型成為「產業文化資產」時，就有許多面向值得探討與認識。

・場域空間：

　　產業所需的空間與製作流程息息相關，從原料的運送，中間經過好幾道加工過程，再到成品的運輸，都需要足夠的空間。所以產業文化資產的場域中常包含多間大型的工廠建築，每間工廠都有專門的任務，彼此的運輸成了產業製程中易被忽略卻又重要的一環。大凡產業文化資產園區中往往留有運輸用的軌道痕跡，參觀時不妨仔細觀察這些軌道跟平常的鐵路交通軌道有什麼不同之處。

另一方面，產業也帶動地方經濟的發展，外圍周邊甚至是園區內部便會形成聚落。這些聚落一般都包含宿舍、學校、餐廳、宗教建築以及休閒娛樂場所等設施，過去這些設施僅對該產業的員工及其眷屬開放，因此演變出跟廠外不同的特色。這也是產業文化資產帶給人們的特殊體驗。

· **產業製程：**

無論是哪種產業，其產品的製造流程都包含重要的技術與專業的機械。以糖產業、酒產業和農林產業來說，從原料到成品需要經過多道工序，且機具都非常龐大。這些製造流程以及機器原理，都隱含了許多應用知識，例如：製糖流程中重要的「蒸發」流程，即是利用溫度與壓力讓水分子不斷蒸發，進而取得純度高的溶液。因此在參訪產業園區時，也可以嘗試了解製造流程背後的原理。

· **產業應用：**

從原料到成品的過程中，通常還會產生許多副產品，例如：蔗渣就是製糖過程中，甘蔗被榨完汁後所產生的副產品，後來也發展出許多用途。有時則會開發出傳統成品之外的新品項，例如：酒廠不會只生產同一種酒，尤其近年來產業轉

型激發出更多元產品上市，臺灣菸酒公司所出產的特殊口味泡麵，曾造成搶購，就是產業應用的一例。

明白了為什麼需要認識產業文化資產，以及如何認識產業文化資產，接下來便挑選糖廠（溪湖糖廠）跟酒廠（臺中公賣局第五酒廠，今文化部文化資產園區）各一為例，說明如何進行產業文化資產教育。

窗外圓弧形建物原為澡堂

澡堂舊景

在菸廠工作

身上常沾滿菸葉、菸絲

故設置男、女澡堂

讓員工下班前沐浴

松山文化創意園區（松山菸廠），前身為日治時期「臺灣總督府專賣局松山菸草工場」，是臺灣第一座現代化捲菸廠，規劃時引入「工業村」概念，重視員工福利，設有宿舍、浴池、醫護室、藥局、托兒所等完整勞工福利設施。（Source: YSP）

以溪湖糖廠
作為教學現場

　　溪湖糖廠園區廣大，多為
戶外場地，有數個室內展示館可
供參觀。周邊飲食店家不多，園
區內販賣部以販售臺糖製品（甜
食、冰品）為主。

廠（溪湖糖業鐵道文化園區）平面圖

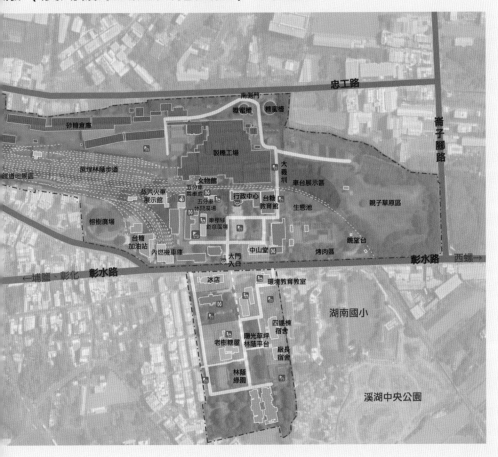

忠工路

南側門
糖蜜槽
糖密槽

砂糖倉庫

製糖工場

蔗埕林蔭步道

大義圳
車台展示區

鐵道地景區

蒸汽火車
展示館

文物館
五分車
英車處
行政中心
台糖
教育館

親子草原區

榕樹廣場

五分庫
林蔭廣場

車棚隊
創意廣場

生態池

台糖
加油站

內燃機車庫

大門
六日

中山堂

眺望台

一埔鹽、彰化 彰化 彰水路

烤肉區

彰水路 西螺

冰店

環境教育教室

老樹糖屋

曙光草坪
林蔭平台

四連棟
宿舍

廠長
宿舍

湖南國小

林蔭
綠園

溪湖中央公園

（Source: 臺糖公司中彰區處）

溪湖糖廠發展概述

· 從荷蘭時期到清領時期的製糖產業：

　　荷蘭人不僅引進了製糖技術，而且也鼓勵漢人在臺灣種甘蔗製糖。依據 1644 年時荷蘭總督提交給荷蘭東印度總公司的報告，臺灣當年所生產的糖約僅 540 公噸；但到了 1652 年時，甘蔗的種植面積已達到稻米種植面積的 1/3，顯示當時製糖業蓬勃發展，並逐漸成為出口貿易的重要產品。

　　到清領時期，製糖業依然持續發展，從清朝的《番社采風圖》一書中可以看到製糖技術主要掌握在漢人手中，平埔族原住民並沒有習得這項技術。當時的糖廍（早期製糖工場）主要集中在臺南一帶，雖然清朝政府較鼓勵種稻，而不鼓勵種甘蔗，但臺灣的製糖業仍占有一席之地。

　　製糖業日漸興盛，不久甚至在臺灣的通商口岸出現了專門經營糖業的買賣郊商。臺灣開港之後，臺灣糖的外銷市場擴大，1880 年（光緒六年）糖的出口量大約為 6.5 萬公噸，此時也是清領時期臺灣糖產量的最高峰。之後因中法戰爭爆發，法軍封鎖臺灣港口，再加上清朝政府加收稅賦等因素，

歐美國家的糖商逐漸退出臺灣市場，臺灣的糖於是轉出口到香港與日本。在臺灣割讓給日本之前，全臺灣的糖廍已經有1,275 所。

· **日治時期的溪湖糖廠：**

　　鹿港地方仕紳辜顯榮，在 1919 年設立「大和製糖株式會社」，之後大和製糖與「明治製糖株式會社」合併，並將原有的製糖工場合併為「溪湖工場」，此即為溪湖糖廠的前身。之後幾年溪湖工場不斷添增新式製糖的機具，如五重壓榨機等，有效增加了甘蔗汁的壓榨量，進而使糖產量不斷提高，在 1934 年時，溪湖工場的年產量已達到 1,500 公噸。

　　由於製糖工場的員工眾多，因此在 1921 年向臺灣總督府提出申請設立小學校，以供糖廠的日人子女就學，並於同年在溪湖工場內設立「溪湖尋常小學校」（今湖南國小）。

· **民國時期的溪湖糖廠：**

　　1945 年之後，溪湖工場由國民政府暫時接管，命名為「臺灣糖業接管委員會溪湖糖廠」。隔年臺灣糖業公司成立，1950 年更名為「臺中總廠溪湖糖廠」。1954 年，溪湖糖廠

傳統製糖與新式製糖的不同

傳統製糖——在日治時期引進新式機械製糖之前，臺灣人製糖都在糖廍進行，先以牛車將甘蔗送到糖廍，再以獸力拉動石車來壓榨甘蔗，每日平均能壓榨 10–15 公噸甘蔗。壓榨出來的甘蔗汁經過蒸發階段，也就是透過高溫加熱熬煮甘蔗汁，之後在糖漿中加入石灰

舊式糖廍是利用牛隻在圓錐形的棚屋裡拉動石車，榨取甘蔗汁，再於旁邊的熬糖屋熬煮甘蔗汁成糖。（Source: 中研院臺史所）

進行清淨，並繼續加熱直到產生結晶，此時的製成品稱為含蜜糖，即可用以販賣。

新式製糖——以五分車從甘蔗田將甘蔗送至製糖工場，並以新式壓榨機進行壓榨，每日最大壓榨量為 4,000 公噸甘蔗。接下來同樣經過蒸發及清淨階段，再以高溫高壓進行結晶，之後進入分蜜階段，分蜜機藉由離心力將糖結晶跟糖蜜分開，最後產生可供販售的顆粒糖。

傳統製糖與新式製糖最大的差異在於，前者多用獸力，而後者使用大型機具；且新式製糖多了「分蜜」的步驟，最終製成品是顆粒糖而非含蜜糖。

合併了溪州糖廠及彰化糖廠。1974 年起，臺糖公司耗費 3 年擴建廠房，使得單日壓榨量提高至每日可壓榨 4,000 公噸的甘蔗，約可產出 350 公噸的糖。

　　如今溪湖糖廠已於 2002 年 3 月結束製糖業務，轉型為溪湖糖業鐵道文化園區，並開始營運觀光小火車。現由臺灣糖業公司中彰區處管轄。

後文所述參與本次文化資產教育課程的學校，即為湖南國小。（Source: 江篠萱）

溪湖糖廠現場介紹

　　2002 年停止製糖後，溪湖糖廠朝向觀光休閒發展，希望結合糖業歷史與文化資產再利用。廠區擁有保存完好的製糖產業文化資產，包含製糖工場、製糖大型機具、木造五分車

溪湖糖廠停止製糖後，轉型以園區內的觀光小火車吸引遊客。每逢假日，五分車往返於溪湖糖廠到濁水站之間，經常班班客滿，行駛過程有解說員介紹沿途田野風光，並導覽糖廠的歷史。照片為火車抵達濁水站後，調動車頭準備駛回。（Source: YSP）

站、蒸汽機火車頭與日式宿舍群等，此外還有烤肉區、生態池、親子草原等場所，是臺灣中部兼具歷史、文化及娛樂多功能的知名休閒景點。

· **五分車站**：

此車站原先稱為溪湖車站，創建於 1921 年，早期是客貨運及臺鐵共構之轉運站，可聯絡員林、鹿港、溪州等重要車站。1945–1958 年之間，是溪湖車站客貨運的全盛時期，1968 年以後因為公路運輸發達，導致客貨運量下滑。車站建築是日治時期建立的木造站體，有一座岸式月臺和兩座島式月臺，總共有 5 股鐵道。

· **製糖工場**：

糖的製造過程，除了主產品顆粒糖，還會產生許多副產品，如蔗渣、糖蜜等；整體製糖流程簡化後大約可以分成 6 個步驟，分別是：卸蔗剁碎、壓榨、清淨、蒸發與結晶、分蜜、包裝。

上｜在過去，糖廠周邊都是一望無際的甘蔗田，透過四通八達的五分車來運送甘蔗，五分車進到糖廠後，便把一車車的甘蔗倒入軌道中。（Source: 江篠萱）

下｜長長的甘蔗經由卸蔗軌道送進剉碎機，隨之就被截斷、壓碎及撕裂，再進到壓榨步驟。（Source: 江篠萱）

溪湖製糖工場
Xihu Sugar Manufacturing Factory

溪湖糖廠創設於1919年10月，由辜顯榮將四所舊式糖廍合併設立大和製糖所。1954年7月合併彰化及溪州兩糖廠，成為彰化縣內唯一的糖廠，全盛時期日產糖350公噸。2002年3月8日，溪湖製糖工場機器正式停止運轉，開放休閒觀光。

Xihu Sugar Refinery,established in October 1919,was merged from four old sugar shakes by Mr. Koo Hsien-jung. It was then named as Taiho Sugar Factory.In July 1954, two sugar factories in Changhua and Xizhou were merged to become the only one in Changhua County.Its daily production in the heyday reached 350 tones.The factory ceased its operation on March 8, 2002 and has been turned to a recreation place for tourism business since then.

台灣糖業股份有限公司 中彰區處

儲存 Storage
包裝 Packaging
分蜜 Moless Separation
結晶 Crystallizing
清淨 Cleaning
壓榨 Squeezing
蔗渣 Bagasse
卸蔗剁碎 Unloading and Keeping Cane
鍋爐 Boiler
入口 Entrance
製糖流程 Manufacturing flow

清淨室
Cleaning Room

壓榨出的蔗汁，經加熱至 105℃後，再加石灰乳、控制酸鹼度至 Ph8左右，再導入沉澱槽使雜質沉澱後，將清淨之蔗汁進行蒸發。蔗汁因蒸發而漸漸濃縮，從第一罐跑至第五罐，蔗汁中之大部分水分因蒸發而迫濃縮到前體積之四分之一，其餘四分之三之水份，則被蒸發了，此時，稱為糖漿。

After being squeezed out, sugarcane juice is heated to 105 ℃ and mingled with milk of lime, so the juice can be controlled around PH8.After that, it is transported to a sedimentation tank for the precipitation of impurities; then the clean cane juice is evaporated so the concentration of cane juice gradually becomes higher,running from Tank 1 to 5. Most of the water (three-quarters) in juice is vaporized and only a quarter of juice is left which is called syrup.

糖漿 Syrup
蔗汁 Cane Juice
濾泥 Filter Cake

台灣糖業股份有限公司 中彰區處

左上｜壓榨是為了取得甘蔗汁。蔗片會經過 3-4 組壓榨機，大約可壓榨出 70% 甘蔗汁；而剩下的 30% 成為蔗渣，多被送往鍋爐室作為燃料，或是由廠商收購製作成類似木板的甘蔗板。此外，蔗渣經過加工後也能當作肥料，用途相當廣泛。（Source: YSP）

左下｜由於剉碎與壓榨後，甘蔗汁中多少都會留下一些蔗葉、泥土等雜質，因此需要特別將這些雜質分離開來。清淨的方法可大略分為石灰法、碳酸法與亞硫酸法 3 種方法，這些方法都是利用甘蔗汁的酸性，加入適當的化學材料，讓甘蔗汁產生化學反應，之後經過煮沸加熱再靜置沉澱，雜質就會沉到底部或是浮到表面，中間部分就是純淨甘蔗汁。（Source: 江篠萱）

上｜取出純淨甘蔗汁後，接著經過多個蒸發罐施以高溫高壓，一方面消毒殺菌，一方面將多餘水分蒸發，整個蒸發過程大約可以將甘蔗汁中的 77% 水分蒸發，剩下的 23% 會逐漸濃縮成糖漿。（Source: 江篠萱）

左上｜甘蔗汁形成糖漿後會送到結晶罐中持續加熱，直到形成糖膏，此時的糖膏會產生大小不一的糖結晶，工作人員檢視糖結晶的大小，達到 0.6–1.7 毫米的程度，就可以進到下一步驟。（Source: 江篠萱）

左下｜糖廠工作人員透過結晶罐所附的管狀器具，檢視結晶罐裡的糖膏是否已產生結晶。此時的糖膏含有結晶糖以及糖蜜，接著運用離心力的原理，透過分蜜機將液態的糖蜜旋轉甩離，留下固態的結晶糖。最後進入了包裝環節，此時製成品已經是顆粒糖，工廠會依照需求將糖分裝，通常是 25 公斤或 50 公斤裝成一袋。（Source: 江篠萱）

如何將溪湖糖廠
轉化成教學內容？

現地勘查溪湖糖廠時，我們邀請了臺糖公司中彰區處派人進行專業導覽。首先搭乘五分車，經歷從前運輸甘蔗的路徑，接著沿著鐵軌走到五分車站及製糖工場。進到工場後，由糖廠工作人員說明機具如何運作，還拿出簡易儀器，現場測試甘蔗的甜度。溪湖糖廠雖已不再製糖，但透過參觀大型機具亦可想像機械化製糖的過程，故決定將參觀製糖工場放入課程中，並以之為教案主軸。

製糖流程中各階段甘蔗汁的數值變化，可與數學單元結合，例如：多少公噸的甘蔗可以壓榨出多少公噸的甘蔗汁、

蒸發階段會產生多少蒸發量等等。清淨階段加入化學材料是用以促進甘蔗汁達到酸鹼中和，分蜜階段使用離心力是用以分離固體與液體等，都可與自然單元結合。另外，糖曾經是臺灣 3 大重要出口商品（糖、茶和樟腦）之一，了解糖業的發展歷史就是了解臺灣的經濟史，可與社會單元結合。

溪湖糖廠現地勘查紀錄表		
課程進行地點	現地勘查發現之素材	建議學習單元
溪湖糖廠	製糖流程（機具）、傳統製糖工法 v.s. 機械化製糖、糖產業、糖的附加產品、糖產業的沒落、植物	・社會：臺灣的自然物產、產業發展、日治時期 ・數學：分數及小數乘法、重量單位、解題 ・自然：酸鹼中和、力學

學習單雲端資料夾

第五間教室：糖產業文化資產
適用年級：國小高年級
課程時間：兩小時
〈戀煉甜蜜回憶〉學習單空白版與參考解答版

直擊糖產業文化資產
教學現場

溪湖糖廠課程
構思與發展過程

在討論溪湖糖廠的課程時，幾乎所有人都同意將課程主題鎖定在製糖流程、製糖機具以及其中的數據變化等內容，所以接下來便是詳細研究新式製糖的每道工序與原理，並簡化為小學生能理解的方式，轉化成符合年級課程的教材。

施行步驟首先需要先讓學習者理解以獸力為主的舊式製糖，發展至機械化新式製糖的需求性與差異性，再以現地保存良好的五分車鐵軌作為起點，依新式製糖的流程，將學習者帶入製糖工場中；依序到壓榨、清淨、蒸發結晶、分蜜的機具前進行解說，並根據每道工序的特性，融入社會、數學與自然的概念。如此一來，就能讓製糖的過程在不知不覺中深化在記憶裡。

在運送方面，溪湖糖廠擁有 9 股軌道，其中 7 股是將甘

蔗原料從甘蔗田運入糖廠加工，而另外 2 股則是用以將成品糖或製作過程中的副產品、廢料運送出去。以溪湖糖廠來說，一列五分車可以運送 3,220 公斤的甘蔗，每日最大壓榨量為 4,000 公噸甘蔗，相當可觀。

壓榨方面，參考過去製糖的實際壓榨數據，將數學計算融入課程當中，讓學習者知道原來新鮮的甘蔗只能壓榨出 70% 的甘蔗汁，而剩下的 30% 蔗渣亦能夠物盡其用，作為鍋爐燃料、蔗板、肥料等。這樣將數學計算融入課程，除了讓學習者認知到五分車的實際大小與功能，也能藉此感受溪湖糖廠過去的輝煌。

清淨方面，由於甘蔗汁在熬煮、濃縮過程中，酸鹼值改變不利於分離雜質，因此會加入化學材料（如石灰水）以達到酸鹼中和。此概念可融入自然領域酸鹼中和的操作，讓學習者透過實驗更加理解清淨這道工序的重要性。

蒸發與結晶方面，甘蔗汁經蒸發後，只有 23% 會形成糖漿，故同樣融入數學百分比的概念讓學習者計算；接著帶入比例尺的概念，觀察糖膏結晶狀況，讓學習者對製糖過程有

更深入的認識。

最後在分蜜及包裝方面，同樣是融入數學計算概念，讓學習者從甘蔗運送的重量，經過一連串製糖的過程，一步一步算出最後製成的砂糖重量，並從中感受到製糖的不易。

本課程主軸圍繞在糖的製成，因此將課程題目訂為「戀煉甜蜜回憶」，帶領學習者透過比較新舊製糖方法，了解糖業產量的變化，進而帶出糖產業的興衰過程。期許學習者在

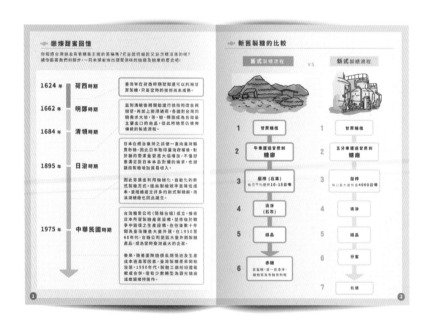

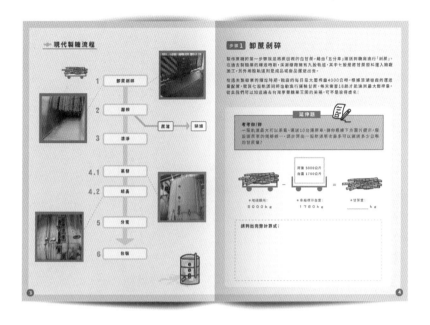

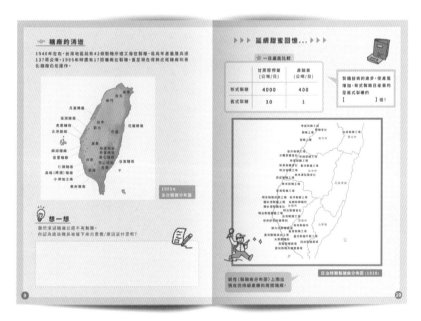

上｜在五分車的運輸鐵軌旁，説明並計算過往甘蔗最大運輸量。（Source: 江篠萱）
下｜在製糖工場介紹製糖流程。（Source: 江篠萱）

上｜在製糖工場的清淨機旁進行酸鹼中和實驗。（Source: 江篠萱）
下｜學習者在進行甘蔗汁的酸鹼中和後，觀察實驗結果。（Source: 江篠萱）

了解過去臺灣糖業的輝煌之餘，同時也能對過去的製糖文化產生認同，並進一步思考已不再製糖的溪湖糖廠將製糖大型機具保留下來供民眾參觀的意義。

番外篇：課後聊一聊

本次參與課程教學的學校為溪湖糖廠鄰近的湖南國小，前身為糖廠之附屬小學，與溪湖糖廠有著很深的淵源，該校學生也時常參加溪湖糖廠舉辦的各式平日、假日活動，多數人對糖廠都不陌生。

由於糖的製程包含許多化學變化，在課程設計時花了許多時間請教溪湖糖廠的工作人員，例如：糖的蒸發量、清淨過程的化學變化等問題，皆一一獲得解答，也更加體會保存產業文化資產的價值，類似這樣的知識內容真的要好好傳承記錄下來。

※ 來看看協助導覽的糖廠人員怎麼說：

糖廠人員	・本次課程內容與一般學校課程結合緊密，與過往糖廠曾經參與操作過的教案非常不同，期待這份教案能成為與學校長期合作的範本。

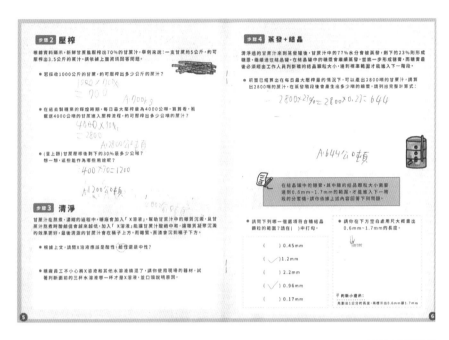

步驟2 壓榨

根據資料顯示，新鮮甘蔗能壓榨出70%的甘蔗汁，舉例來說：一支甘蔗約5公斤，約可壓榨出3.5公斤的蔗汁。請依據上圖資訊回答問題。

- 若採收1000公斤的甘蔗，約可壓榨出多少公斤的蔗汁？

  $1000 \times 70\%$
  $= 700$
  A:700kg

- 在過去製糖業的輝煌時期，每日最大壓榨量為4000公噸。算算看，若載送4000公噸的甘蔗進入壓榨流程，約可壓榨出多少公噸的蔗汁？

  $4000 \times 70\%$
  $= 2800$
  A:2800公噸蔗汁

- (呈上題)甘蔗壓榨後剩下的30%是多少公噸？
  想一想，這些渣作哪些用途呢？

  $400 \times 70 = 1200$

  A:1200公噸

步驟3 清淨

甘蔗汁在熬煮、濃縮的過程中，糖渣會加入「X溶液」幫助甘蔗汁中的雜質沉澱，且甘蔗汁熬煮時酸鹼值會越來越低。加入「X溶液」能讓甘蔗酸鹼中和，讓雜質凝聚沉澱的效率更好，最後清澈的甘蔗汁會在桶子上方，而雜質、蔗渣會沉到桶子下方。

- 根據上文，請問X溶液應該是酸性、鹼性還是中性？

- 糖廠員工不小心將X溶液和其他水溶液混了，請你使用現場的器材，試著判斷眼前的三杯水溶液哪一杯才是X溶液，並且簡述明原因。

步驟4 蒸發+結晶

清淨過的甘蔗汁來到蒸發糖機，甘蔗汁中的77%水分會被蒸發，剩下的23%則形成糖膏。糖膏送往結晶機，在結晶機中糖膏會繼續被熬煮，並進一步形成糖膏，而糖廠業者必須經由工作人員判斷結晶顆粒大小，達到標準範圍才能進入下一階段。

- 前題已經算出在每日最大壓榨量的情況下，可以產出2800噸的甘蔗汁，請算出2800噸的蔗汁，在蒸發階段後會產生多少噸的糖膏？請列出完整計算式：

  $2800 \times 27\% = 2800 \times 0.2 = 644$

  A:644公噸

在結晶槽中的糖膏，其中糖的結晶顆粒大小需當達到0.6mm~1.7mm的範圍，才能進入下一階段的分蜜機。請你依據上述內容回答下列問題。

- 請問下列哪一個選項符合糖結晶顆粒的範圍？請在（ ）中打勾。

  ( ) 0.45mm
  (✓) 1.2mm
  ( ) 2.2mm
  (✓) 0.96mm
  ( ) 0.17mm

- 請你在下方空白處用尺大概畫出0.6mm~1.7mm的長度。

  ▷判斷小提示：
  先測出1公分的長度，再標示出0.6mm與1.7mm

5

6

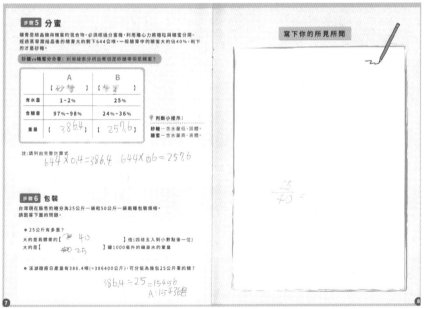

步驟5 分蜜

糖膏是結晶糖與糖蜜的混合物，必須經過分蜜機，利用離心力將糖粒與糖蜜分開。經過蒸發階段結晶後的糖膏大約剩下644公噸。一般糖膏中的糖蜜大約佔40%，剩下的才是砂糖。

砂糖vs糖蜜分分看：利用線索分析哪個是砂糖哪個是糖蜜？

	A【砂糖】	B【糖蜜】
含水量	1~2%	25%
含糖量	97%~98%	24%~36%
重量	【386.4】	【257.6】

▷判斷小提示：
砂糖—含水量低、固體。
糖蜜—含水量高、液體。

註：請列出完整計算式

$644 \times 0.4 = 386.4$ $644 \times 0.6 = 257.6$

步驟6 包裝

台灣現在販售的糖分為25公斤一袋和50公斤一袋兩種包裝規格。請回答下面的問題。

- 25公斤有多重？
  大約是我體重的【 40 】倍（四捨五入到小數點後一位）
  大約是【 25 】瓶1000毫升的礦泉水的重量

- 溪湖糖廠日產量為386.4噸(=386400公斤)，可分為幾包25公斤重的糖？

  $386.4 \div 25 = 15456$

  A:15436包

寫下你的所見所聞

$\dfrac{25}{40} =$

7

8

以臺中公賣局第五酒廠
作為教學現場

　　臺中公賣局第五酒廠占地廣大，多棟建築物都可入內參觀，並不定期更換展覽內容。位處市區，周邊店家林立，易於飲食，交通亦十分便利。

文化部文化資產園區 3D 影像圖。（Source: ⓐ2022 Google）

臺灣酒廠發展概述（含第五酒廠發展簡史）

．臺中酒工場時期：

　　日治時期，赤司初太郎於 1914 年設立「赤司製酒場」，後來進一步籌組「大正製酒株式會社」，會社旗下轄有臺中、斗六、北港及嘉義等 4 處中部地區的酒工場，是臺灣當時最大的製酒公司。

　　1922 年，臺灣總督府正式實施酒類專賣制度，屬於私有公司的大正製酒株式會社臺中工場便遭到徵收，改為「臺灣總督府專賣局臺中酒工場」，在原有的廠房外又興建了臨時廳舍、宿舍、大型木造倉庫及鍋爐室等。接著專賣局在此開設「臺中專賣支局」，負責管理臺中地區的專賣業務。之後由於產量提升，加上化學工業的發展，便大量新建及擴建廠區建築物，還架設輕便鐵路，讓酒工場能與臺中火車站相接連，以方便原物料及產品的運輸。

．臺中公賣局第五酒廠時期：

　　第二次世界大戰結束後，國民政府接管臺中酒工場，並將其改制為「臺灣省公賣局第五酒廠」，繼續進行生產。之

園區內的臺車軌道，原先是酒廠內外運輸的重要交通系統，甚至可直通臺中火車站，但在1960年代逐漸被貨車取代，當時軌道多被拆除，僅留下一小段供後人了解這段歷史。（Source: 江篠萱）

後為配合臺灣人飲酒習慣的改變，第五酒廠逐漸停止生產特級清酒，而改生產黃酒（與清酒同屬米酒），不久又改為製造紹興酒以及高品質的花雕酒。1971年，臺中公賣局第五酒廠的米酒產量達到全臺酒廠之冠。

然而在 70 年代之後，臺中市區快速開發，原本位在郊區的第五酒廠逐漸納入市中心，酒廠的存在已對都市發展造成妨害。而且製酒過程中所產生的汙水及廢氣，也引起附近居民的反彈。另外因為生產量日益增加，原本的廠區本已不敷使用。考量諸多因素，第五酒廠遂於 1998 年正式遷到臺中工業區。

‧ 臺中文化創意產業園區時期：

　　搬遷至新廠之後，第五酒廠原址留下大量工業機具與歷史建築，成了製酒產業發展史的最佳見證，於是在 2002 年酒廠的部分建築登錄為歷史建築之後，當時的國有財產局（今財政部國有財產署）便將土地及建物所有權撥交給行政院文化建設委員會文化資產總管理處籌備處（今文化部文化資產局），使臺中公賣局第五酒廠得以完整保留。之後文建會將其規劃為「臺中文化創意產業園區」，作為臺灣文化創意產業推廣與發展的基地。

‧ 現在的文化部文化資產園區：

　　原先的文建會升格為文化部之後，文化資產總管理處籌備處亦改組為文化部文化資產局，為回應社會各界對於推廣

相關教育活動的期待，開始推動臺中文化創意產業園區的轉型，並於2018年正式揭牌，成為全國第一也是唯一的「文化資產園區」。

園區目前由文化部文化資產局自行營運管理，轉型後的文資園區以各類文化資產的保存與推廣為主軸，各場館皆規劃發展各項目標，例如：文化資產人才培育、有形文化資產古蹟保存、無形文化資產技藝與傳統表演藝術傳承、文資科技應用展示、傳統匠師職人培育、文化資產意識扎根等，讓文化資產專業得以展現，也讓民眾一親文化資產芳澤。

上｜第五酒廠占地廣大，交通便利，常有各式創意市集在此舉辦，吸引許多人潮，是產業文化資產活化再利用的極佳範例。（Source: YSP）

右上｜雅堂館：為 5 連棟的建築體，建造年代約在 1925–1927 年之間，原為米酒成品與半成品的倉庫。目前室內空間則作為展覽之用，每一棟建築物可獨立作為一個展間，在內部還可以看到屋頂的結構。（Source: YSP）

右下｜衡道堂：位於大廣場旁，建於 1941 年，最初是作為禮堂及員工餐廳之用，是過去酒廠員工集會或休息的地方。經過重建後，目前也作為展演空間及會議廳。（Source: YSP）

文化部文化資產園區現場介紹

左上｜臺灣菸酒展示服務區：建於 1923 年，是酒廠最初的汽罐室，也就是燃燒燃料產生動力的地方，後來因建造了新的汽罐室而被改為倉庫。目前專門用以販售臺灣菸酒公司的產品。特別的是牆壁下方有「十三溝面磚」作為外牆裝飾。十三溝面磚是 1920 年代末由北投窯廠所生產的陶質面磚，常用於公共建築，特色是在表面刻出凹凸 13 道溝痕，可避免反光，減低被空襲的風險。（Source: 江篠萱）

左下｜鍋爐室：建於 1928 年，相較於上述的舊汽罐室，這裡是新汽罐室，同樣是燃燒燃料產生動力的地方。目前用以堆放以前酒廠的器械，且改稱為鍋爐室，尚未開放遊客入內參觀。（Source: YSP）

上｜舞蹈排練室：建於 1930 年，原先是存放菸草的倉庫，外牆上還留有二次世界大戰時遭受戰機機槍掃射之彈孔痕跡。目前是舞蹈排練室，有時也用來展出小型展覽。（Source: 江篠萱）

園區內保留了多座酒槽，今已不再作為釀酒之用，部分酒槽經彩繪後，放置在園區內成為裝飾。（Source: 江篠萱、YSP）

如何將臺中公賣局第五酒廠轉化成教學內容？

　　園區每一棟建築物為了作為展覽空間使用，多已卸除或搬移許多舊時酒廠的大型機具，若要看出舊時酒類製程有其困難，但也因為空間的清除和整理，讓人明顯感受到酒產業文化資產占地的寬廣，也更能覺察其再利用的彈性和潛能。

　　園區內具有文化資產資格的建築物，多數外觀完整，並隨著各建築物功能或建築年代之不同，其主要建材和裝飾也各有特色，例如：

· 雅堂館——日式建築風格。

- 衡道堂——外部牆面留有酒廠標誌、內部建築空間通透。
- 舞蹈排練室——外牆留有二戰時期美軍空襲彈痕。
- 臺灣菸酒展示服務區——有十三溝面磚裝飾。
- 鍋爐室——仍留有鍋爐燃燒原料之管線和大型煙囪。
- 酒槽——儲存酒的大型容器，部分外表有彩繪圖案，部分保留原貌。

　　這些建築物經過幾次再利用的轉變，大略可以分成「原地原貌保存」、「建物外觀完整但內部重新利用」以及「拆除重建」，可說是涵蓋了再利用保存時會遇到的種種情況，正是文化資產教育的最佳對象。

臺中公賣局第五酒廠現地勘查紀錄表		
課程進行地點	現地勘查發現之素材	建議學習單元
文化部文化資產園區	舊鐵軌、5 連棟建築、牆壁外觀、彈孔痕跡、酒槽、再利用的經營管理	·藝術：美感教育 ·自然：觀察

此外，園區的建築群從日治時期開始興建，數次擴張廠房，也經歷過戰爭和棄置，幾經更迭直至今日，從最初生產製造酒類製品的工廠，到如今作為文化資產的相關展場空間，是產業文化資產再利用的成功案例，格外值得介紹。於是便以「產業文化資產的再利用」為主題，將課程設計著重在觀察、記錄與小組討論。

目前在園區裡的包裝工場（願景館）建築物裡，尚能看到當初購自於荷蘭的米酒自動洗瓶機，機體十分龐大。（Source: YSP）

臺中公賣局第五酒廠課程
構思與發展過程

　　原先打算藉由地圖設計不同路線的定向越野活動，串連
起各棟建築物，但建築物的距離過近，反而不適合施行定向
越野活動，因此改為調查闖關活動。課程題目訂為「文資專
員實習生」，讓學習者化身為文化資產專員到園區中調查建
築物，並將觀察的內容記錄下來。

　　學習者擔任文資專員之後，要針對建築物進行調查與盤
點，並觀察建築物的外觀、內部空間及周邊環境，先建立對
建築物（也就是文化資產）具體外表的認識，之後再了解何
謂文化資產。此外，也期望讓學習者在闖關過程中，學會欣
賞文資建築之美、覺察文資建築的保存狀況。

學習者化身為文化資產專員，在各建築物中尋找 QR code，掃描後取得闖關資訊。
（Source: 葉秀玲）

　　整個闖關過程中要兼顧觀察、記錄、比較、歸納和創意等能力的訓練和應用，其中記錄屬於繁瑣又重複性高的工作，因此將調查記錄表格電子化，並以問卷平臺 surveycake 設計文化資產調查表，讓學習者分組操作平板，記錄建築物尺寸、用途、周邊設施、參觀者特質等，也讓學習者對比舊照片與現況，回答建築物保存狀況，增加操作的樂趣。

挑選出園區中符合場地安全、具特色、便於觀察等 3 項條件的 5 棟文化資產建築作為關卡，包括：雅堂館（編號 8）、衡道堂（編號 11）、舞蹈排練室（編號 12）、臺灣菸酒展示服務區（編號 14）、鍋爐室（編號15），以及酒槽（編號 22）。（Source: 葉秀玲）

8號建築物調查表單

11號建築物調查表單

12號建築物調查表單

14號建築物調查表單

15號建築物調查表單

22號建築物調查表單

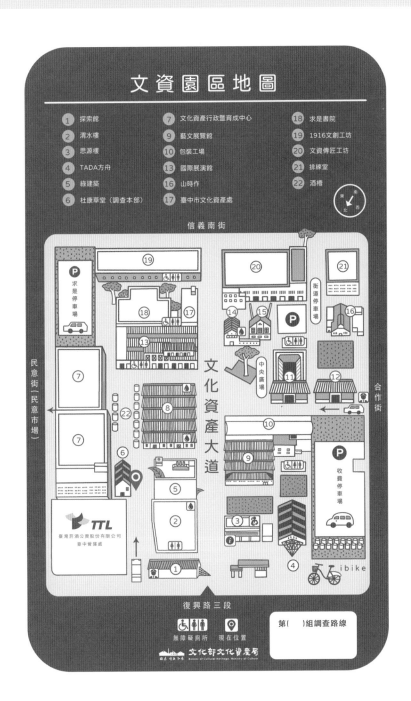

文資園區地圖

① 探索館
② 清水樓
③ 思源樓
④ TADA方舟
⑤ 綠建築
⑥ 杜康草堂（調查本部）

⑦ 文化資產行政暨育成中心
⑨ 藝文展覽館
⑩ 包裝工場
⑬ 國際展演館
⑯ 山時作
⑰ 臺中市文化資產處

⑱ 求是書院
⑲ 1916文創工坊
⑳ 文資傳匠工坊
㉑ 排練室
㉒ 酒槽

信義南街

民意街（民意市場）

求是停車場

文化資產大道

中央廣場

衛道停車場

合作街

收費停車場

ibike

TTL
臺灣菸酒公賣股份有限公司
臺中營運處

復興路三段

無障礙廁所　　現在位置

第（　）組調查路線

文化部文化資產局
Bureau of Cultural Heritage, Ministry of Culture

上｜教學者在闖關活動開始前，說明調查任務如何進行。（Source: 江篠萱）
下｜學習者（文化資產專員）以平板掃描 QR code 進入調查表單，電子化表單快速回傳可讓教學者即時掌握現場狀況。（Source: 江篠萱）

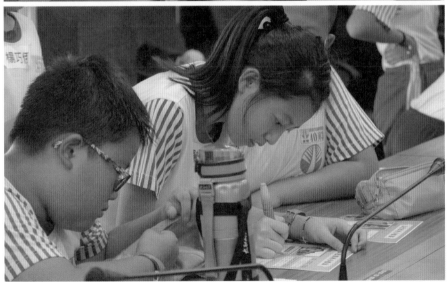

上｜學習者分組進行建築物調查任務，此處為衡道堂。（Source: 江篠萱）

下｜回到室內後，各小組依據各自調查結果，將資料加以統整分類。（Source: 江篠萱）

　　要補充說明的是，電子化的方式也便於教學者從表單回傳的情況即時掌握各小組進度。

　　各組學習者完成基本調查後再回到室內，由小組集合一起進行資料彙整，並將建築保存狀況依前述進行分類。

　　課程的最後為創意思考，請學習者針對先前調查的其中

一棟建築物，在說明欄中填寫調查內容，進而提出新的再利用構想。

番外篇：課後聊一聊

本次課程原先預計讓學習者分組進行建築物調查，每一組需要調查 4 棟建築物，但實際操作時遇到許多狀況，使得大多數組別都只完成一棟建築物的調查，僅 2 組完成 2 棟建築物調查。整體下來統計學習者調查每一棟建築物約需要花 30 分鐘，與事前預估的 15 分鐘有明顯落差，有待教案設計團隊日後調整修改。

到了戶外，網路連線頻出問題，調查表單經常無法順利開啟或跳到下一個頁面，影響調查時間，這也是教學者需要注意的問題。

另外，調查題目過多，且多數學習者對操作平板不必然熟悉，導致課前練習時就花了不少時間，連帶使後來實際調查時間不足。對於上述問題，教學者都應加以修正。

※ 來看看參與試教的老師怎麼說：

教師	・學生反應很好，即使天氣炎熱，也很願意花時間測量建築物長寬尺寸。

學習單雲端資料夾

第五間教室：酒產業文化資產
適用年級：國小中年級
課程時間：兩小時
〈文資專員實習生〉學習單空白版與參考解答版

文化資產小檔案

編號	原始名稱	創建年代
11	新糖工宿	1941（昭和16年）

長軸座向	建築物高度	以前用途
長軸為南北向	8.7公尺	禮堂及員工餐廳

文化資產基本資料

（ 鐵道室 ）這棟建築物，以前的用途是（ 禮堂、員工餐廳 ），現在的用途是（ 作長廳、展覽 ）。現有規模是（ 975 ）平方公尺，大約是（ 20 ）間教室的大小。他的保存維護狀況是（ 完全重建 ），整體來說我覺得最特別的地方是（ 鳳梨 ）。

附註：根據《國民中小學校施設備基準》，一間國小教室面積至少為48平方公尺

想一想

1 針對建築外觀的保存方式回答下列問題。
☆ 保存類型（三個選項勾選）
原地原貌保存　建物外觀完整但內部重新利用　拆除重建
☆ 對於這樣的保存利用方式，你的想法是認同或是不認同？為什麼？

2 身為文資專員的你，會如何重新規劃利用這棟建築物？

文化資產小檔案

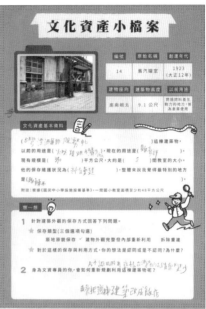

編號	原始名稱	創建年代
14	舊汽罐室	1923（大正12年）

建物座向	建築物高度	以前用途
庫南朝北	9.1公尺	燃燒燃料產生動力的地方現為辦公室使用

文化資產基本資料

（ 台灣糖廠辦服務社 ）這棟建築物，以前的用途是（ 火好燒料的地方 ），現在的用途是（ 辦公 ）。現有規模是（ ）平方公尺，大約是（ ）間教室的大小。他的保存維護狀況是（ 到處重建 ），整體來說我覺得最特別的地方是（ 鳳梨 ）。

附註：根據《國民中小學校施設備基準》，一間國小教室面積至少為48平方公尺

想一想

1 針對建築外觀的保存方式回答下列問題。
☆ 保存類型（三個選項勾選）
原地原貌保存　建物外觀完整但內部重新利用　拆除重建
☆ 對於這樣的保存與利用方式，你的想法是認同或是不認同？為什麼？

2 身為文資專員的你，會如何重新規劃利用這棟建築物？

文化資產小檔案

編號	原始名稱	創建年代
15	新汽罐室	1928（昭和13年）

建物座向	建築物高度	以前用途
庫南朝北	13.5公尺	燃燒燃料產生動力的地方

文化資產基本資料

（ 鍋爐室 ）這棟建築物，以前的用途是（ 製造蒸氣動力 ），現在的用途是（ 展示空間 ）。現有規模是（ 266 ）平方公尺，大約是（ 5 ）間教室的大小。他的保存維護狀況是（ 拆除修建 ），整體來說我覺得最特別的地方是（ 有煙囪 ）。

附註：根據《國民中小學校施設備基準》，一間國小教室面積至少為48平方公尺

想一想

1 針對建築外觀的保存方式回答下列問題。
☆ 保存類型（三個選項勾選）
原地原貌保存　建物外觀完整但內部重新利用　拆除重建
☆ 對於這樣的保存利用方式，你的想法是認同或是不認同？為什麼？

2 身為文資專員的你，會如何重新規劃利用這棟建築物？

文化資產小檔案

編號	原始名稱	創建年代
12	製造煙草貯藏倉庫	1930（昭和5年）

長軸座向	建築物高度	以前用途
長軸為南北向	9.7m	儲存煙草的倉庫

文化資產基本資料

（ 舞蹈排練室 ）這棟建築物，以前的用途是（ 儲存煙草的倉庫 ），現在的用途是（ 舞蹈排練室 ）。現有規模是（ 572 ）平方公尺，大約是（ 6 ）間教室的大小。他的保存維護狀況是（ 拆除重建 ），整體來說我覺得最特別的地方是（ 看起來像是被打掉 ）。

附註：根據《國民中小學校施設備基準》，一間國小教室面積至少為48平方公尺

想一想

1 針對建築外觀的保存方式回答下列問題。
☆ 保存類型（三個選項勾選）
原地原貌保存　建物外觀完整但內部重新利用✓　拆除重建
☆ 對於這樣的保存方式，你的想法是認同或是不認同？為什麼？

2 身為文資專員的你，會如何重新規劃利用這棟建築物？

第五間教室：產業文化資產──275

後記

　　本書緣起於 2014 年，當時筆者在科技部的經費支持下陸續完成「學習從過去中學習：從『世界遺產教育計畫』探討遺產教育課程的本質與類型」（2014）、「古蹟就是我們的教室：文化資產教育議題融入國小跨科學習領域統整課程之行動研究」（2015）、「『環境教育』與『文化保存』的跨領域對話：遺產教育的另一種途徑」（2016）、「文化資產教育的在地實踐：馬祖列島文化資產場域的課程設計與學習成效評量」（2018–2020），以及「文化資產教育的教學實踐：文化資產核心素養能力建構」（2020–2023）等專題研究。在執行科技部的專題研究計畫過程中，剛好也見證文化部為了重視文化資產教育的重要性，遂在 2016 年修法將《文資法》新增第 12 條：「為實施文化資產保存教育，主管機關應協調各級教育主管機關督導各級學校於相關課程中為之。」也因為如此，本書才有機會在接受文化部文化資產局的委託下，執行2019年的「文化資產教育課程發展計畫」，

最後將該計畫的研究成果轉為本書的主要內容。

也因為這個時空脈絡，2015 年我們創造了「古蹟就是我們的教室」這句 slogan。當年 9 月開始的那個學期，我在新竹教育大學的大學部開設了一門「舊建築再利用規劃與經營」的課程，並與新竹市定古蹟周益記的屋主周友達先生的營運團隊合作，由當時周益記前執行長李明俐小姐，陪著全體修課學生在一學期的課程內容中，嘗試開發未來可在「周益記」實施的教育推廣內容。我們還把那學期的教學成果撰寫成研討會論文，並於 2016 年 9 月參加 Docomomo 主辦的學術研討會，在「再利用教育」(Education for Reuse) 的子題場次中發表。那次的課程合作經驗，誕生了「古蹟就是我們的教室」的概念，這幾年成為我們主要的核心教育理念。

這一本書希望分享給大家的重點，在於提醒「教學者」或是「老師」，每一個文化資產的場域都蘊藏著許許多多經常被忽略的學習內容。這些學習內容有的是反映了當代的人類智慧或技術，有的是隱藏著族群歷史脈絡中的文化演進。倘如，大家都能把文化資產視為時間與空間並存的載體，則每一處文化資產場域都可以看到不同時代變化的

軌跡，我們也就可以逐步從文化資產場所的線索去探究自己的過去。

在本書所舉例的這些文化資產的分類方式，只是想要拋出一個重要的資訊給讀者：文化資產在不同的類別下，通常可以找到許多學科知識必備的連結關係。在 108 課綱的核心素養漸漸成為教學現場的主流價值時，文化資產場所其實是各種學科領域最好的應用場域。因此，如果我們可以從小就把孩子帶進這些文化資產場所，進行各種不同學科的知識探索，相信孩子在成長過程中，「文化資產」對於他就不會是生僻陌生的名詞，而是伴隨著他長大，見證他把課本中的知識轉化應用的最佳場所。

文化資產場域的課程設計方法與內容千百種，本書所願推動的是讓現地教學活動成為學校教育裡常態的教學模式，創造孩子在就學期間可以跟這些文化資產場域有更多更生活化的連結。也唯有這樣的觀念與習慣在學校教育中建立，我們才能期待國民基本教育下的孩子擁有保存文化資產的素養，我們也才有機會透過身體力行書寫未來臺灣的歷史。

最後，我必須要特別介紹與感謝本書能夠順利付梓的多位重要夥伴。回想起 2012 年我進入新竹教育大學環境與文化資源學系服務，在系上老師的大力支持下，我開設了許多關於文化資產的課程。也因為如此，培養了幾位對文化資產有興趣，且已經有基本觀念的師培學生，跟著我一起進行專題研究或實習。隨著這些學生畢業陸續考上教甄，進入中小學擔任教職工作，我才又回頭邀請他們加入這個研究團隊，一起南征北討，進入到各個文化資產場域，進行教學課程內容的研發與設計。這些年下來，他們利用週間的晚上或是週末的下班時間，有時線上討論，有時每個月還要空出一整天的週末時光，到清大來跟大家面對面討論。這一段透過共備概念的課程設計過程，我們還邀請了「在地偏好」的美編團隊參與每次的課程內容討論。於是乎，我們的課程設計內容，從文化資產現地場域的知識收集、判斷、篩選、轉譯，再到美編完成學習單或參考資料的讀本，花了非常多的時間和心力，相信學生可以感受到每次講授的課程內容，以及手上的學習單，都是值得被收藏作為日後參考的學習資料集。

由於本書的課程設計內容緣起於文化部文化資產局委託

國立清華大學於 2019-2020 年間執行的「文化資產教育課程發展計畫」成果內容，所以也要感謝當時計畫的共同主持人謝傳崇教授（國立清華大學教育與學習科技系教授兼師培中心主任、領導與評鑑中心主任）、顧問林紀慧教授（國立清華大學教育與學習科技系教授兼竹師教育學院院長）、顧問陳聖智教授（國立政治大學傳播學院數位內容碩士學位學程副教授）、顧問林曉薇教授（中原大學建築學系副教授）等師長給予整個計畫非常重要且寶貴的建議與支持。

更重要的是感謝一路支持推動文化資產教育業務的文化部文化資產局陳濟民局長、陳柏欽主任、鐘郁演副主任、李冠儀科長、溫千瑩視察，以及後來持續鼓勵我們讓本書付梓的廖玲漳科長與葉秀玲科員。

本書的課程設計內容全部都來自於我們第一代的研究團隊多年來辛苦的研發成果，他們才是整個文化資產教育最重要且核心的知識貢獻者。特別是本書的共同作者江篠萱女士，這些年負責所有課程設計的總督導與最後執行工作，還要隨時接受我各種龜毛的構想修正，在此非常感謝她的協助與支持。其他非常辛苦的在職教師兼研究團隊成員，包括：

吳怡蒨老師（桃園市中壢區中平國小）、黃彥慈老師（新北市新店區達觀國民中小學）、潘仕勤老師（新北市淡水區鄧公國小）、陳韋如老師（桃園市龜山區南美國小）、李岱玟老師（臺中市大雅區上楓國小）、張純瑋老師（新北市板橋區中山國小）、林思駿先生（在地偏好工作室共同創辦人）、張雅筑女士（在地偏好工作室共同創辦人）、朱郡瑟女士（國立臺北藝術大學藝術管理研究所研究生）。在本書的最後，我要誠摯感謝大家的付出與努力。

國立清華大學環境與文化資源學系、人文社會學院學士班合聘副教授

附錄

附錄一：文化資產教育與國民基本教育之間的關係

一、文化資產的場所就是最好的學習教室

　　一直以來，即使是當前的社會觀念都能意識到「文化資產」是國家重要的文化象徵，需要被妥善保存與照顧。但在國民基本教育下的學習領域之中、學校體制之內，文化資產的保存與照顧仍無法成為一門獨立的課程，這除了要有完整的知識系統，還需要考量不同年齡的學生在這門課程中需要學到哪些必要的知識。文化資產的保存觀念說起來很簡單，但一旦討論「為什麼需要保存」或是「該怎麼保存」這些問題時，其實已經進入了文化資產專業體系的範疇。也因為如此，在國民基本教育的目標下，我們該關注的其實不是文化資產專業知識的傳授，而應該是如何讓文化資產的場域與學生學習的環境產生密切的關聯。

因此，文化資產本身的保存、修復、管理或維護等專業，在目前國民基本教育的制度下並不容易有「文化資產」的相關課程，但卻可以成為國高中階段教學課程中的討論議題。就現實來說，文化資產教育概念確實多落實在鄉土教育或社會學科的鄉土相關單元課程中，而在九年一貫課程實施之後，也有更多教學者在社會領域中進行相關教學。

　　再說到現行的 108 課綱，課程從過去的 7 大領域改分為 8 大領域，分別是語文（國語文、英語、客家語、原住民族語、閩南語、新住民語）、數學、自然、社會、藝術、綜合、科技、健康與體育，與過去的差異是將自然科學與科技領域分別獨立出來，課程理念則以「自發」、「互動」與「共好」為出發點。在本書，我們認為「文化資產場域」不應只是社會學習領域或藝術學習領域才有機會接觸的場所，而是任何學科領域都有機會去實踐教學內容的「教室」。事實上，許多現地教學的課程設計觀念，甚至與西方國家執行遺產教育的理念正好相符。例如：聯合國在「伯利西宣言」（*Tbilisi Declaration*）中提到環境教育的 5 項基本目標：覺知（awareness）、知識（knowledge）、態度（attitude）、技能（skills）和參與（participation），剛好可以適切融入

在文化資產保存的教學場域與課程設計中，甚至是戶外教育的理念也都與文化資產教育有部分的共通性。

> 108 課綱：108 課綱的「課綱」指的是課程綱要，它是制訂學校課程教學、教科書和升學考試的重要依據。108 課綱是指這個版本的課程綱要在 108 學年度實施，因此簡稱 108 課綱。

二、邁向跨領域或跨科目的協同教學是必然的趨勢

我們盤點 108 課綱中各領域／科目課程綱要中的學習重點如下表所示，發現僅有社會與藝術學習領域提及「文化資產」這個概念。藝術學習領域要到高中的階段才開始有文化資產的論述，在國中小則僅在社會領域中提出，如國中的社 3d-IV-2「提出保存文化資產、改善環境或維護社會正義等可能方案」，以及國小的 Cb-III-2「臺灣史前文化、原住民族文化、中華文化及世界其他文化，隨著時代變遷，都在臺灣留下有形與無形的文化資產，並於生活中展現特色」。這兩項學習重點前與公民相關，後則與歷史相關，然而文化資產深具豐富的多元內涵，這些資源的屬性不僅能利用於社會

領域之課程，更可以結合學校其他領域之教學，應用在相關的學習課題裡進行教學活動。

課綱條目編號：在本文中所舉例的課綱條目編號，其編號規則代表的是 108 課綱中關於學習表現的條目內容，依各教育階段順序呈現，包括構面、項目及條目，以及流水號的編碼規則，詳情請參閱教育部所公開下載的 108 課綱內容。

在高中階段的社會學習領域中則有一門選修課程為「探究與實作課程」，可選擇開設歷史學的探究主題、地理與人文社會科學的探究主題，或是公共議題與社會的探究主題，並在課綱中鼓勵教師進行跨學科、跨領域的課程設計。其中地理與人文社會科學研究主題中，即包含與文化資產相關的條目。不過上述提到的「探究與實作」同時出現在課綱中的「課程」與「項目」兩種不同的層級中，容易產生混淆，增加教師依據課綱來設計課程的難度。

除了在課綱條目中提及文化資產，社會領域課綱的附錄部分針對學習內容說明時，提出教師可在課程中帶學生進行

12 年國民基本教育課程綱要中提及文化資產內容		
領域	學習表現提及文化資產	學習內容提及文化資產
社會	社 3d-IV-2（國中）提出保存文化資產、改善環境或維護社會正義等可能方案。	・Cb- III -2（國小高年級）臺灣史前文化、原住民族文化、中華文化及世界其他文化，隨著時代變遷，都在臺灣留下有形與無形的文化資產，並於生活中展現特色。 ・地 Mb- V -3（高中）文化資產、歷史現場與現代發展的關係。 ・地 Bd- V -1（高職）有形與無形的文化資產。 ・地 Bd- V -2（高職）文化資產的保存與活化。 ・地 Bd- V -3（高職）問題探究：踏查學校所在地的文化資產，討論活化利用的行動方案。
藝術	・美 P-V-1（高中）藝術組織與機構、文化資產、在地及各族群藝文活動。 ・藝 3-V-1（高中）能認識文化資產，豐富藝術生活。 ・藝術 - 技 - 音樂 II -2（高職）具備音樂鑑賞能力並積極認識參與音樂文化資產及表演藝術產業，展現音樂及問題解決之素養。	・音 P-V-2（高中）文化資產保存與全球藝術文化相關議題。 ・藝術 - 專 - 藝概 G-c（高職）藝術傳承與文化資產。

田野觀察，並增加說明：「配合學習內容，觀察學校附近與原住民族或漢人有關的文化地景或文化資產，教師可與其他學科教師配合〈總綱〉揭櫫之議題協同設計。」而在藝術領域課綱中，則是在實施要點中提出應將文化資產納入教材之中，例如：傳統藝術的各種作品或寺廟建築等文化資產都可以融入在美感教育，或其他藝術領域的課程單元中。上述內容顯示在 108 課綱中已逐漸希望教師將文化場域或文化資產納入課程中。但對在職教師來說，要如何將不熟悉的文化資產場域納入課程中，卻是很大的挑戰。因此，未來可能需要一些教學引導手冊的協助，或是開設教師增能的學習課程。

在此還特別需要提出，大部分的文化資產保存工作者都忽略文化資產本身就是跨學科、跨領域的資料庫。從學校的課程設計角度來看，長久以來教育部門對於文化資產在教學現場所需要的教材內容、教學方法、教學目的等等都還處於「講授」文化資產的價值或特色，而忽視了文化資產場域隱含的各種跨領域知識，因此仍需要有適切的方法引介給教師作為課程內容發展之用。在現行 12 年國教的體系下，文化資產教育若想要進入學校課程之中，可能必須參考教育部在 2017 年公布的《國民中學及國民小學實施

文化遺產與文化資產的灰色地帶

在高中與國中的社會學習領域課程綱要中另出現「文化遺產」一詞，國中的條目出現在歷 Na-IV-1 與歷 Na-IV-2，這個分類主題是古代文化的遺產，並在說明中寫到：「以非洲與西亞地區為起點，擇要討論幾個重要的古代文化遺產，不必詳敘細節。」另一個條目也出現在歷史學科中的歷 D-IV-1、歷 D-IV-2、歷 G-IV-1 與歷 G-IV-1，都屬於歷史考察的主題，只是在不同年級。其說明中第 2 點提及可參考之探究課題或活動，提出 4 個建議，在第 4 點指出：「當地有形或無形文化遺產的調查、參訪與報告。」在高中的社會學習領域中所列條目的歷 La-V-1、歷 La-V-2、歷 La-V-3 的說明中提到：「這一主題探究的重點是歐洲文化的遺產，及其在現代世界的意義……。」

簡言之，在「文化資產」（cultural property）與「文化遺產」（cultural heritage）這兩個詞語的使用上，一般授課教師並無法確實分別兩者之間差異。因此，對授課教師而言，應該要有類似教師手冊的參考資料，將「文化遺產」與「文化資產」的定義做出解釋，以釐清辭彙的使用與代表意思。

跨領域或跨科目協同教學參考原則》，其中第 4 點：「跨領域或跨科目協同教學團隊之運作，應包括團隊成員之共同備課、授課、學習評量，及課後專業回饋與其他相關歷程，且成員均具授課之實。」

在 108 課綱實施後，彈性學習課程必須以主題式、議題式的方式進行，因此未來在執行跨領域（如語文領域和藝術領域）、跨科目（如歷史科和地理科）的教學狀況將更普遍，這也是文化資產教育進入一般學校課程的重要方向。若進行跨領域教學，文化資產可以不限縮在特定領域、學科之中，才能展現文化資產本身跨學科的特質，也才能不受限於學習重點之中對文化資產之框架。

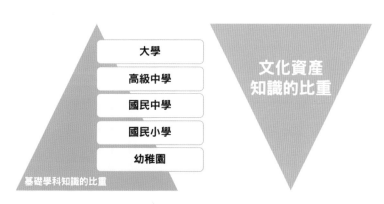

各階段學生在文化資產場所內的學習內容概念圖

附錄二：參考文獻與網站

一、考古遺址類：卑南考古遺址

1. 陳歆怡（2017），《考古臺灣：穿越時空的蒐尋、解謎與保存》，臺北：經典雜誌出版社。

2. 商周編輯顧問股份有限公司（2015），《生活從遠古談起：導覽史前臺灣你的第一本書：國定遺址專輯》，臺中：文化部文化資產局。

3. 葉長庚（2012），〈臺灣東部巨石的發現與研究〉，《臺灣博物季刊》，116:40-43，臺北：國立臺灣博物館。

4. 葉長庚（2017），〈臺灣史前巨石與當代地景〉，《科學發展》，532:40-43，臺北：科技部。

5. 葉長庚（2016），〈更上半層樓：卑南遺址出土石梯之研究〉，《考古人類學刊》，85:139-172，臺北：國立臺灣大學人類學系。

6. 宋文薰、連照美（2004），《卑南考古發掘 1980-1982：遺址概況、堆積層次及生活層出土遺物分析》，臺北：臺大出版中心。

7. 臧振華、葉美珍（2005），《館藏卑南遺址玉器圖錄》，臺東：國立臺灣史前文化博物館。

8. 連照美、宋文薰（2006），《卑南遺址發掘 1986-1989》，臺北：臺大出版中心。

9. 連照美、宋文薰（1989），《臺東縣卑南文化公園考古試掘報告》，臺北：國立臺灣大學人類學系。

10. 寫作引導案例，引自網路 https://www.facebook.com/wei.pangpang/posts/2608361842516841（檢索日期 2019 年 10 月 1 日）。

11. 卑南遺址公園，國立臺灣史前文化博物館官網 https://www.nmp.gov.tw/

content_263.html

二、防禦工事與軍事遺產類：熱蘭遮城、大漢據點

1. 成大研究發展基金會（2003），《臺灣城殘蹟（原熱蘭遮城）城址試掘計畫報告書》，臺南：國立成功大學。

2. 翁佳音、黃驗（2017），《解碼臺灣史 1550-1720》，臺北：遠流出版社。

3. 臺灣城堡列表，引自網路 https://zh.wikipedia.org/wiki/ 臺灣城堡列表（檢索日期 2019 年 12 月 1 日）。

4. 臺灣城殘蹟（安平古堡殘蹟），引自網路 https://nchdb.boch.gov.tw/assets/overview/monument/19831228000012（檢索日期 2019 年 12 月 1 日）。

5. 蘇煥智（2015），〈重建熱蘭遮城──打造臺灣歷史文化首都〉，《民報文化雜誌》，第五期，臺北：民報。

6. 常見各種形式砌磚法及設計概念，引自網路 http://sanchien.blogspot.com/2015/08/blog-post.html（檢索日期 2019 年 12 月 1 日）。

7. 陳韻如（2010），《兩岸軍事對峙下馬祖南竿海防據點軍事空間之調查與研究》，國立臺灣科技大學建築系碩士論文。

8. 黃惠謙（2011），《戰爭遺產的保存價值──以馬祖軍事文化景觀為例》，國立成功大學建築研究所碩士論文。

9. 秦就（2012），〈西線無戰事〉，《馬祖想念‧島嶼想像── 2012 年馬祖文學獎得獎作品集》，連江：連江縣政府文化局。

10. 文化馬祖網頁 https://www.matsucc.gov.tw

11. 大漢據點，馬祖國家風景區管理處官網 https://www.matsu-nsa.gov.tw/Attraction-Content.aspx?a=2743&l=1

12. 藝斯義思文化有限公司（2015），《津沙聚落保存及再發展計畫成果報告

書》，連江：連江縣政府。

13. Tim Copeland, Mike Corbishley, Liz Hollinshead (1994), *A Teacher's Guide To Using Castles (English Heritage)*.

三、西洋歷史式樣建築類：原臺南地方法院（司法博物館）

1. 臺灣臺南地方法院官網 https://tnd.judicial.gov.tw/hs/

四、宗教信仰場所類：新竹都城隍廟

1. 謝奇峰（2014），《圖解臺灣神明圖鑑：第一本 360 度環繞特寫視野賞析、解說臺灣神明像之圖鑑書》，臺中：晨星出版社。

2. 李乾朗（1998），《新竹市都城隍廟建築術與歷史》，新竹：新竹市立文化中心。

3. 姜義鎮（1995），《臺灣的鄉土神明》，臺北：臺原出版社。

4. 李乾朗（2005），《新竹市第三級古蹟新竹都城隍廟調查研究暨修復計畫》，新竹：新竹市文化局。

5. 彩繪城隍一甲子，引自網路 https://youtu.be/1uSjZdqsMWY（檢索日期 2020 年 5 月 1 日）。

6. 新竹都城隍廟網頁 http://www.weiling.org.tw/

五、產業文化資產類：溪湖糖廠、臺中公賣局第五酒廠

1. 施政廷（1999），《家住糖廠》，臺北：信誼基金會。

2. 黃紹恆（2019），《砂糖之島：日治初期的臺灣糖業史 1895-1911》，新竹：交通大學出版社。

3. 陳明言（2017），《福爾摩沙的故事：臺灣國際貿易的先鋒糖業》，臺北：

遠足文化。

4. 製糖流程說明——兒童版，引自網路 https://youtu.be/mifcQY0jlZI（檢索日期 2020 年 2 月 4 日）。

5. 糖的科學，引自網路（臺灣網路科教館）https://www.ntsec.edu.tw/LiveSupply-Content.aspx?a=6829&fld=&key=&isd=1&icop=10&p=1&lsid=8248（檢索日期 2020 年 3 月 1 日）。

6. 中華建築文化協會（2004），《臺中創意文化園區歷史建築「原公賣局第五酒廠」調查研究及修復再利用規劃結案報告書》，臺北：行政院文化建設委員會。

7. 臺灣糖業公司官網 https://www.taisugar.com.tw/chinese/index.aspx

8. 楊敏芝（2011），《文化行旅—— 30 個產業文化資產的感動地圖》，臺中：文化部文化資產局。

9. 文化部文化資產局官網 https://www.boch.gov.tw/home/zh-tw

六、延伸學習資源網站

1. 國家文化資產網 https://nchdb.boch.gov.tw/

2. 國家文化記憶庫 https://memory.culture.tw/

3. 戶外教育資源平臺 https://outdoor.moe.edu.tw/

4. 環境教育設施場所查詢網 https://eecs.epa.gov.tw/frontRWD/DefaultRWD.aspx

5. English Heritage 學習資源頁面 https://www.english-heritage.org.uk/learn/

6. National Trust 網站 https://www.nationaltrust.org.uk/

7. Holiyo 密逃遊戲翻轉平臺 https://holiyo.tn.edu.tw/game/game_platform/login.html

國家圖書館出版品預行編目 (CIP) 資料

成為文化知識家：帶孩子探索文化資產場所的奧
祕 | 榮芳杰、江篠萱作 | 初版 | 臺北市：方寸文創 |
2022.10 | 296面 | 23x17公分（言無盡系列：5）|
ISBN 978-986-06907-1-2（平裝）| 1.CST：文
化資產 2.CST：鄉土教學 | 541.27 | 111014508

成為文化知識家

帶孩子探索文化資產場所的奧祕

認識自己，
你可以嘗試讓自己與孩子從走進生活的歷史場域做起。

系列——言無盡 05

作者	榮芳杰、江篠萱
責任編輯	顏少鵬
美術設計	廖春枝
特約校對	李玉霜
視覺設計（學習單）	在地偏好工作室

策劃單位	文化部文化資產局
總策劃	陳濟民
行政策劃	吳華宗、粘振裕、林滿圓、陳柏欽
行政執行	鐘郁演、廖玲漳、葉秀玲
地址	臺中市 402 南區復興路三段 362 號
電話	04-2217-7777
網址	https://www.boch.gov.tw

總編輯	顏少鵬
發行人	顧瑞雲
出版者	方寸文創事業有限公司
地址	臺北市 106 大安區忠孝東路四段 221 號 10 樓
傳真	(02)8771-0677
客服信箱	ifangcun@gmail.com
出版訊息	方寸之間｜ http://ifangcun.blogspot.tw/
精彩試閱	方寸文創｜ http://medium.com/@ifangcun
FB 粉絲團	方寸之間｜ http://www.facebook.com/ifangcun
限量品商店	方寸文創（蝦皮）｜ http://shopee.tw/fangcun
法律顧問	郭亮鈞律師
印務協力	蔡慧華
印刷廠	華展彩色印刷股份有限公司
總經銷	時報文化出版企業股份有限公司
地址	桃園市 333 龜山區萬壽路二段 351 號
電話	(02)2306-6842

ISBN	9789860690712
初版一刷	2022 年 10 月
初版二刷	2023 年 3 月
定價	新臺幣 450 元

Printed in Taiwan

方寸文創　　文化部文化資產局